本著作的研究属于全球汉籍合璧工程的子课题，出版由国家重大文化工程全球汉藉合璧工程专项经费资助。

佚唐善导著述的文献学研究

于海波　王美婷——著

光明日报出版社

图书在版编目（CIP）数据

佚唐善导著述的文献学研究 / 于海波，王美婷著

. -- 北京：光明日报出版社，2023.5

ISBN 978 - 7 - 5194 - 7251 - 1

Ⅰ. ①佚… Ⅱ. ①于… ②王… Ⅲ. ①古籍—文献学

—研究—中国—唐代 Ⅳ. ①G256.1

中国国家版本馆 CIP 数据核字（2023）第 089222 号

佚唐善导著述的文献学研究
YITANGSHANDAOZHUSHU DE WENXIANXUE YANJIU

著　　者：于海波　王美婷	
责任编辑：房　蓉	责任校对：郭玫君　乔宇佳
封面设计：中联华文	责任印制：曹　净

出版发行：光明日报出版社

地　　址：北京市西城区永安路 106 号，100050

电　　话：010 - 63169890（咨询），010 - 63131930（邮购）

传　　真：010 - 63131930

网　　址：http://book.gmw.cn

E - mail：gmrbcbs@gmw.cn

法律顾问：北京市兰台律师事务所龚柳方律师

印　　刷：三河市华东印刷有限公司

装　　订：三河市华东印刷有限公司

本书如有破损、缺页、装订错误，请与本社联系调换，电话：010 - 63131930

开　　本：170mm×240mm			
字　　数：208 千字		印　　张：15	
版　　次：2023 年 5 月第 1 版		印　　次：2023 年 5 月第 1 次印刷	
书　　号：ISBN 978 - 7 - 5194 - 7251 - 1			
定　　价：78.00 元			

内容简介

    本著作共分三卷，第一卷是对唐代佚失古籍"五部九卷"的作者善导的研究，通过研究可以发现，中日两国都以中国古籍文献作为重要资料，有着共同的研究基础，但是部分资料的真伪还有待考证。除此之外，目前收集到的关于善导的古籍资料并不一定单纯指一个善导，无论国内还是日本，都需结合善导别名对现有资料进行辨析，对相关古籍资料再次进行收集整理。

    此外，本卷还对唐代佚失古籍"五部九卷"作者的艺术成就及其影响展开论述。该作者善导在雕塑、诗歌、书法、绘画等方面都有极高的艺术造诣，他雕塑的龙门卢舍那大佛，鬼斧神工，在当今看来，仍然是最优秀的造像艺术。在绘画方面，他也有极高的天赋，其所画的净土变相图多达三百余幅，这在数量上是非常惊人的。这些"变相图"壁画，不仅反映出其卓越的绘画才能，更能展现出善导的绘画题材对后期"变相图"壁画艺术的重要影响。总之，"五部九卷"作者巨大的艺术成就，对当时及后世的诗、书、画等各个创作领域都产生了深远的影响。其感人肺腑的艺术表现力，在后期的朱耷、石涛等人的诗、书、画作品中都能看到，可见其文化艺术成就影响之深远。了解善导的艺术特色，将有助于我们进一步理解"五部九卷"的成书思想与内容。

第二卷为唐代佚失古籍"五部九卷"的本疏研究。本疏为《观经四帖疏》，是主要阐明净土经典的一部文献。该疏约在公元8世纪中叶传入日本，镰仓时代的僧人源空据此创立了日本净宗，善导的《观经四帖疏》遂成为日本净宗的根本圣典。该疏在宋代以后即在中国失传，清光绪年间杨文会①通过日本学者南条文雄②获取了大量日本遗存的中国佛教典籍，本疏即在其中。后来的印光在"《观经疏》阅三遍"之后给予本疏高度评价："善导《疏》不用谛观其深意，但直释经文，裨中下根人，易于趣入。及其趣入，不言谛观，而谛观自然了了矣。可谓契理契机，善说法要。弥陀化身，殆非虚传。莲宗二祖，万代景仰。"③但此时的本疏传世版本已有多处错讹，印光在日本藏本的基础上详加校订、略加注释，进行多处正讹，重新出了新的版本。

第三卷为唐代佚失古籍"五部九卷"的具疏研究。这部分的研究遵循了传统历史文献学的思路，从书名书题考证到内容结构分析，从版本总结到甄选善本进行异文校对，主要采用图表列举法由表及里进行具疏的文献学研究。由于善导著作曾于国内失传而后近代得以回归的历史，这一部分又增加了对其传入日本记录的考证，力求从历史的角度、融合的角度来拓宽研究的思路并且深化研究。通过对日本现存具疏版本的考察，可以大致还原出善导著作传入日本后的流传轨迹。

唐代佚失古籍"五部九卷"的具疏传入日本初期，留下了许多手抄写卷。镰仓时代，日本僧人明信为善导著作的开版入南宋寻访善本，此时的善导著作在中国基本失传，明信寻访无果而返。贞永元年（1232），沙门入真继承遗志，完成了善导著作的开版，此后逐渐形成了知真版、义山

① 杨文会，1837—1911，中国近代著名学者，字仁山，号深柳堂主人，自号仁山居士，安徽石埭（今石台）人。
② 南条文雄，1849—1927，原为真宗僧侣溪英顺之子，幼名格丸，美浓（今岐阜县）人。
③ 释印光. 印光法师文钞［M］. 张育英，校注. 北京：宗教文化出版社，1999：1204.

版、良忏版等诸多影响极大的本子，它们各自由不同的刊刻单位制作，有着不同的装订形式和印刷方式。由此可以看出善导"五部九卷"在日本不同时期的各个版本是研究日本佛书刊印历史的重要组成部分，对研究日本佛书刊印以及善导著作的传播过程具有重要意义。

附录部分是古代文献中有关善导的记载。分二节进行论述：第一节论述了《净土圣贤录》及其中关于善导的文献资料，第二节论述了《印光法师文钞》及其中关于善导的文献资料。阅读这些文献内容，将有助于我们进一步了解和研究唐代佚失古籍"五部九卷"。

需要说明的是，遵循忠实于古籍善本原文原则，对文献中的部分称谓、用词，如"支那"等，未作改动，请读者鉴谅。

另外，本著作的研究属于全球汉籍合璧工程的子课题，出版由国家重大文化工程全球汉籍合璧工程专项经费资助。

目　录
CONTENTS

卷一　佚失古籍作者研究

第一章　有关作者最新研究成果

第一节　中日研究成果总结

本节总结中日两国关于唐代佚失古籍"五部九卷"作者善导的现有研究成果。首先是国内研究，国内的善导研究主要集中于对善导的思想及其个人经历的研究，研究著作很多，总体来看研究成果丰硕，较为成熟。本文主要依据时间段划分，将这部分研究分为中国古籍中对善导的记载和中国近现代学者对善导的研究两部分，岳麓社版的《善导大师全集》对善导历代传记进行了初步总结，现在原有基础上对已有研究成果进行补充，以供参考。其次是日本研究，日本研究善导可以大体上分为三个角度：一是考证善导个人经历；二是结合善导作品以及净土宗的相关著作解读善导思想；三是从日本法然上人创立的日本净土宗角度出发，研究善导对日本净土宗乃至日本佛教发展的影响，研究善导思想与日本净土宗思想的关系。按照时间标准划分，可以将其分为日本古籍中对善导的记载和日本近现代对善导的研究两部分。

一、中国古籍中对善导的记载

中国古籍中多记载善导的生平经历、善导弘扬净土法门的功德以及一些个人轶事。我们按照朝代顺序（同一朝代不分时间前后），把书名和与善导相关的内容进行列举概括，以方便研究查阅。

表1.1　中国古籍中收录善导的资料

朝代	作者	书目名称	主要内容
唐代	道宣	《续高僧传》①	记录善导生平，包括寻访道绰、长安传法等事迹
唐代	文谂，少康	《往生西方净土瑞应删传》②	记录善导生平，籍贯为泗州说法
唐代	善导，道镜	《念佛镜》③	是否为善导作品至今存疑，主旨宣扬法门教义
唐代	义净	《大唐西域求法高僧传》④	提到贞固律师曾在襄州一带偶遇善导禅师
宋代	遵式	《西方略传》⑤（岳麓版记作《往生西方略传》）	记载"善导和尚立五会教，劝人念佛，造观经疏一卷，二十四赞、六时礼文各一卷"
宋代	志磐	《佛祖统纪》⑥	记录善导生平，未记录籍贯，赞颂善导念佛精神，记载善导登柳树坠亡的圆寂方式

---

① 释道宣．续高僧传［M］．北京：民族出版社，2008.
② 林明珂，申国美．净土宗大典：十六［M］．北京：全国图书馆文献缩印复制中心，2003.
③ 莲池大师．莲池大师文集［M］．张景岗，校．北京：九州出版社，2013.
④ 释义净．大唐西域求法高僧传［M］．南京：金陵刻经处，2000.
⑤ 参见爱如生典海数字平台：《中国基本古籍库》全文在线版。
⑥ 陈垣．中国佛教史籍概论［M］．北京：科学出版社，1955.

朝代	作者	书目名称	主要内容
宋代	戒珠	《净土往生传》①	记录善导生平，未记录籍贯
宋代	王古	《新修往生传》②	记录生平，籍贯为临淄说，记录为道绰解惑，怡然长逝
宋代	王日休	《龙舒增广净土文》③	记载同《佛祖统纪》，附录中记载《善导和尚临终往生正念文》
宋代	陆师寿	《新编古今往生净土宝珠集》④	辑王古《新修往生传》和戒珠的《净土往生传》
宋代（北宋）	清月	《往生净土略传》⑤	据岳麓社版《善导大师全集》记载与善导相关，书目内容现已失传
宋代	董弅	《严陵集》⑥ 9 卷（卷八杂着碑铭题记）	记录善导德行教化善行
宋代	释普济	《五灯会元》⑦ 20 卷	记录善导教化事迹，为修行往生指出明路
宋代	赞宁	《宋高僧传》⑧ 30 卷	没有专门为善导作传，善导记录出现在怀感传之中
宋代	宗晓	《乐邦文类》⑨	卷一提到善导净土教义，卷二记载与《西方略传》相同，卷三记载同《佛祖统纪》；卷四记载《临终正念诀》，卷五记载善导与净土变相图

---

① 参见爱如生典海数字平台：《中国基本古籍库》全文在线版。
② 参见爱如生典海数字平台：《中国基本古籍库》全文在线版。
③ 参见爱如生典海数字平台：《中国基本古籍库》全文在线版。
④ 参见爱如生典海数字平台：《中国基本古籍库》全文在线版。
⑤ 书目内容现已失传。
⑥ 参见爱如生典海数字平台：《中国基本古籍库》全文在线版。
⑦ 参见爱如生典海数字平台：《中国基本古籍库》全文在线版。
⑧ 参见爱如生典海数字平台：《中国基本古籍库》全文在线版。
⑨ 参见爱如生典海数字平台：《中国基本古籍库》全文在线版。

续表

朝代	作者	书目名称	主要内容
元代	释觉岸	《释氏稽古略》①	文中提到善导于龙朔二年（662）去世
元代	普度	《庐山莲宗宝鉴》②	记载善导《临终往生正念文》
明代	袾宏	《往生集》③	记载《劝念佛偈》
明代	大佑	《净土指归集》④（岳麓版作《净土指归》）	将善导列为莲社八祖之一
明代	道衍	《净土简要录》⑤	记载《临终正念诀》
清代	照莹	《净业痛策》⑥	写莲宗止传，列善导为二祖
清代	周克复	《净土晨钟》⑦	文中夕课记录《善导临睡入观文》记录同《佛祖统纪》一致
清代	彭希涑	《净土圣贤录》⑧	同《佛祖统纪》和《乐邦文类》记录一致

二、中国近现代学者对善导的研究

近现代以后，国内关于善导的研究成果日渐丰富。研究内容主要包含善导的个人经历、净土思想，以及与善导相关的净土祖庭等诸多方面。本文将其分为著作、期刊论文、学位论文三个类别分别进行总结。

第一类为著作。国内主要著作有陈扬炯先生的《善导法师传》、释净

---

① 参见爱如生典海数字平台：《中国基本古籍库》全文在线版。
② 参见爱如生典海数字平台：《中国基本古籍库》全文在线版。
③ 参见爱如生典海数字平台：《中国基本古籍库》全文在线版。
④ 参见爱如生典海数字平台：《中国基本古籍库》全文在线版。
⑤ 参见爱如生典海数字平台：《中国基本古籍库》全文在线版。
⑥ 参见爱如生典海数字平台：《中国基本古籍库》全文在线版。
⑦ 参见爱如生典海数字平台：《中国基本古籍库》全文在线版。
⑧ 参见爱如生典海数字平台：《中国基本古籍库》全文在线版。

宗的《善导大师的净土思想》、谢志斌的《花开见佛——净土宗及其祖庭》、圣凯的《晋唐弥陀净土的思想与信仰》、释慧净的《善导大师要义》等。除此之外，还有一些纪念性质的文集，如 1980 年由中国佛教协会编辑出版的《善导大师圆寂一千三百年纪念集》等。

陈扬炯先生的《善导法师传》从隋唐之际净土宗的发展情况出发，概括并叙述了善导的生平，以简洁朴实的语言对善导大师的思想进行高度概括，末尾还分析了善导《临终正念决》中所体现的佛教哲学思想。① 书中主要对善导的思想进行总结分析，集个人经历与宗派思想为一体，是研究善导的经典之作。

释净宗在《善导大师的净土思想》一书中，通过叙述龙树、昙鸾、道绰提出的教判，来阐释善导的净土思想来源，引出善导提出的要门和弘愿教判。并且进一步提出了善导为信仰切入而开示的信和机两种深信，机法两种深信缺一不可，并结合净土三经和善导的著作引文，说明了称名念佛的方法本质上是依托阿弥陀佛本愿，称名念佛信愿具足，必定往生净土，进一步突出善导对于中国净土宗思想楷定古今的作用，研究内容系统全面。② 该书唯一不足在于写作逻辑不太清晰。

谢志斌的《花开见佛——净土宗及其祖庭》在前人研究的基础上，充分借鉴了释净宗的著作，内容着重于善导的主要事迹和思想内容，以及善导所到过的寺庙，有目的地突出了其中国净土宗集大成者的地位。③

圣凯的《晋唐弥陀净土的思想与信仰》并非单独为善导所作，其中涉及善导的内容为"四部五卷"中所体现的忏仪研究，在下文会详细说明，此不赘述。④

---

① 陈扬炯. 善导法师传［M］. 北京：宗教文化出版社，2002.
② 释净宗. 善导大师的净土思想［M］. 北京：东方出版社，2014.
③ 谢志斌. 花开见佛——净土宗及其祖庭［M］. 西安：西安电子科技大学出版社，2016.
④ 圣凯. 晋唐弥陀净土的思想与信仰［M］. 北京：中国社会科学出版社，2009.

释慧净的《善导大师要义》主要讲善导作品，包括"五部九卷"的摘要和法语等内容，语言精练，有利于快速理解善导作品的大概内容，是一个介绍性的集录。①

《善导大师圆寂一千三百年纪念集》主要以善导的个人经历为主干，集合了中日佛教研究学者对善导为净土宗发展做出的贡献的总结，书中收集了很多图片，具有很高的人文价值。②

第二类为期刊论文。以表格的形式整理如下：

表1.2　与善导相关的期刊论文

作者姓名	论文题目	主要内容
温玉成	《关于善导禅师生卒年问题》③	提出善导圆寂时间不是662年
黄念祖	《善导大师与持名念佛》④	赞扬善导念佛功德
申宝林	《应为善导大师舍报异说辨正》⑤	考证善导圆寂方式
大智	《善导大师与日本净土宗》⑥	突出对日本净土宗的影响
谢路军	《试析善导往生净土的主体——众生观》⑦	分析善导思想
谢路军	《善导净土思想特点与称名念佛法门的流行》⑧	分析善导思想
伍先林	《善导净土思想之特色》⑨	分析善导思想

① 释慧净. 善导大师要义［M］. 安徽弘愿寺倡印，2006.
② 中国佛教协会. 善导大师圆寂一千三百年纪念集［M］. 东京：日本中国友好净土协会出版，1980.
③ 温玉成. 关于善导禅师生卒年问题［J］. 文物，1985（3）：27-28.
④ 黄念祖. 善导大师与持名念佛［J］. 法音，1990（11）：29-31，45.
⑤ 申宝林. 应为善导大师舍报异说辨正［J］. 法音，1993（5）：20-22.
⑥ 大智. 善导大师与日本净土宗［J］. 佛学研究，1994，第1卷：20-24.
⑦ 谢路军. 试析善导往生净土的主体——众生观［J］. 佛学研究，1996，第1卷：154-164.
⑧ 谢路军. 善导净土思想特点与称名念佛法门的流行［J］. 世界宗教研究，1998（1）：102-110.
⑨ 伍先林. 善导净土思想之特色［J］. 佛学研究，2003，第1卷：60-70.

续表

作者姓名	论文题目	主要内容
王公伟	《善导大师的净土思想》①	分析善导思想
谢路军	《试析善导念佛思想的基本内涵》②	分析善导思想
谢路军	《略论善导往生净土的境界"报土论"》③	探讨善导所说"弥陀净土是报土"的理由
成田俊治 杨曾文	《从"善导净土变"到"二河白道图"的展开》④	探讨善导《观经四帖疏》与"二河白道图"的联系
张景峰	《莫高窟第 431 窟初唐观无量寿经变与善导之法门在敦煌的流传》⑤	探讨善导艺术造诣
朱凤岚	《善导大师及其净土思想特色》⑥	分析善导思想
王向辉	《善导大师事迹考》⑦	考证善导生平
释演觉	《持名千载　光耀人间——浅谈善导大师与净土祖庭》⑧	探讨善导贡献
释觉果	《西安香积寺善导塔考》⑨	考察善导塔

　　以上期刊论文分别以不同角度探讨了善导的生平经历、思想特色以及其为净土宗发展做出的贡献等，这里不再一一说明。其中最值得注意的是王公伟先生的《善导大师的净土思想》一文，文中从隋唐佛教兴盛的大环境与末法思想的流行这一对矛盾出发，阐述了这一时期善导能将净土宗开

① 王公伟.善导大师的净土思想 [J].佛学研究，1999，第 1 卷：146-154.
② 谢路军.试析善导念佛思想的基本内涵 [J].宗教学研究，2001（4）：63-70，80.
③ 谢路军.略论善导往生净土的境界"报土论"[J].法音，2007（4）：18-22.
④ 成田俊治，杨曾文.从"善导净土变"到"二河白道图"的展开 [J].佛学研究，2008，第 1 卷：16-20.
⑤ 张景峰.莫高窟第 431 窟初唐观无量寿经变与善导之法门在敦煌的流传 [J].敦煌研究，2010（4）：34-43，126-127.
⑥ 朱凤岚.善导大师及其净土思想特色 [J].佛学研究，2012（1）：138-147.
⑦ 王向辉.善导大师事迹考 [J].五台山研究，2015（3）：48-54.
⑧ 释演觉.持名千载　光耀人间——浅谈善导大师与净土祖庭 [J].法音，2016（12）：24-29.
⑨ 释觉果.西安香积寺善导塔考 [J].法音，2019（7）：57-60.

宗立派的时代原因，从善导的生平以及创宗活动来探究善导的思想内容。[①]
文章的最大亮点在于作者将善导的思想与善导的创宗活动相结合，既突出
了善导对于净土宗发展所起到的至关重要的作用，又为善导每一方面思想
的形成做出了合理的解释。

第三类为学位论文。主要有傅坤的《善导净土思想的哲学探析》[②]、
卞希东的《论善导在净土宗发展中的贡献》[③]、周政的《善导教判研究》[④]。
另外还有 2016 年西北大学硕士吴楠撰写的《西安善导念佛团研究》，但内
容主要是关于现代宗教团体现象，因此不将其纳入国内近现代善导个人研
究的综述范围。

傅坤主要探讨了善导净土思想的形成过程、内容及其净土思想的哲学
性和理论特征。卞希东则着重阐述了善导在理论和实践两方面的创新以及
其对净土宗发展产生的影响。周政以善导教判为主要研究对象，指出善导
教判的理论基础和善导所批判的教判理论，重点在于善导教判的具体内
容。此三篇文章皆是从思想层面入手，在一定程度上体现出中国对善导研
究的侧重点。

三、日本古籍中对善导的记载

日本古籍中对善导的记载主要集中于对他个人经历的考证，并且在此
基础上宣扬善导对于日本净土宗、日本净土真宗发展产生的促进作用。本
文主要选取几个比较具有代表性的著作进行综述。

日本法然上人源空的《类聚净土五祖传》将对昙鸾、道绰、善导、怀

---

① 王公伟.善导大师的净土思想 [J].佛学研究，1999（1），146-154.

② 傅坤.善导净土思想的哲学探析 [D].西藏民族学院，2008.

③ 卞希东.论善导在净土宗发展中的贡献 [D].新疆师范大学，2008.

④ 周政.善导教判研究 [D].云南大学，2017.

感、少康等五位净土宗大师的记述融合起来，编纂成文。其中善导在第三顺序出现，该部分是将中国传入的《续高僧传》《往生西方净土瑞应删传》《念佛镜》《新修往生传》编纂而成。① 全书尽是对传记的载录，没有源空本人的见解评判。但源空还著有《善导十德》② 一文，在此文中不仅表明了他对善导的态度，还充分突出了善导本人的高尚品德以及其对净土宗发展所做的贡献，源空本人更是以善导思想为中心创立了日本净土宗。

《集成光明善导大师别传纂注》分为上下两卷，是日本僧人葵翁所作。《集成光明善导大师别传纂注》首先对王古《新修往生传》的二十五、二十六两传记所记载的善导大师相关内容提出了疑问，简单总结了两传记中记载内容的异同。一方面说明了二者的相同点，另一方面又比较了两篇传记中的善导字音、入灭方式的不同，最后综合分析得出两篇传记所说的都是善导一人的结论。该书针对《续高僧传》《往生西方净土瑞应删传》《念佛镜》《新修往生传》《佛祖统纪》等书目进行了相应考证和解释。③

《京师善导和尚类聚传》，又名《唐朝京师善导和尚类聚传》，据日本记载，此书为幸西所作，亦有觉瑜参与撰写。幸西是日本法然上人源空的弟子，生活在1163—1247年的日本镰仓时期。觉瑜与其生活时代基本相同，甚至略早。关于此书的作者，更多的日本学者认为是幸西所作。目前笔者暂时没有找到关于此书的详细文本资料，但藤堂恭俊在其论文④中曾提及，此书收录了遵式的《往生西方略传》、清月的《往生净土略传》、戒珠的《净土往生传》、王古的《新修往生传》、陆师寿的《新编古今往

① 源空，著. 望月信亨，黑田真洞，共纂. 法然上人全集［M］. 京都：宗粹社，1906：614.
② 源空，著. 望月信亨，黑田真洞，共纂. 法然上人全集［M］. 京都：宗粹社，1906：633.
③ 葵翁. 集成光明善导大师别传纂注［M］. 东京：三缘山藏版，1796.
④ 藤堂恭俊. わが国に遗存する唐・宋代净土教典籍を中心とした日中交涉の资料八题［A］//佛教大学歴史研究会［J］. 鹰陵史学. 1979：128.

生净土宝珠集》、王日休的《龙舒增广净土文》、宗晓的《乐邦文类》、赞宁的《宋高僧传》等宋代传记著作，因此我们可以大致推断它与源空的《类聚净土五祖传》大概是一个性质的集录。

觉瑜还著有《善导和尚类传》①，此书现已失传，据日本《净土教典籍目录》所载，此书应是同样收集了善导的诸多传记，并且附有觉瑜本人的见解和释义。另外还有日本谛忍的《善导和尚行状记》和铁空的《善导大师别传注》，这两部书都暂未找到具体文献内容，暂列于此以供参考。

此外还有《善导和尚十德钞》②，据日本佛教大学编写的《净土教典籍目录》记载，该书成书于1222年前后，是日本源空的弟子隆宽所作，内容也是称颂善导的功德，主体内容引用了源空的《善导十德》和《新修往生传》等流传广泛的书，其本质上与幸西的《京师善导和尚类聚传》是一致的，都是为了促进日本社会对于善导的理解而作。

通过查证以上日本古籍对善导的记述，我们不难看出，在古代交通条件有限的情况下，基于善导著作思想是从中国传入，而后又在中国失传的历史因素，日本古代进行善导研究所采用的书写方式大都是类聚传的形式，在原有基础上广泛地收集整理中国资料，并且加以注释，研究形式相对局限。

四、日本近现代对善导的研究

日本近现代对于善导的研究，一方面仍遵循着之前的轨迹对善导事迹进行考证，另一方面开始着重于研究善导思想，并在研究的过程中逐渐凸显了日本特色，即结合日本净土宗进行研究。二者各有侧重但又相互掺

---

① 日本佛教大学综合研究所. 净土教典籍目录 [M]. 北海道：凸版印刷株式会社，2011：376.

② 日本佛教大学综合研究所. 净土教典籍目录 [M]. 北海道：凸版印刷株式会社，2011：376.

杂，著述形式也是多种多样。

按照时间顺序来看，1895 年织田得能在《和汉高僧传》当中收录的善导传仍是以《新修往生传》为主要内容的，仍然具有早前研究的痕迹。① 1907 年藤谷还由的《六字释说教》梳理了善导的功绩、二河白道喻及其所发宏愿等内容，并且阐述了其对日本净土真宗的影响。②

善导还被写进了日本平安专修学院的教科书里。1926 年出版的《和赞略释：高僧正像末》记述了善导与龙树、天亲、昙鸾、道绰、源信和源空等高僧，采用和赞的方式介绍了善导的出世、善导解释释迦和弥陀教义，以及善导乘依弥陀本愿往生的思想，在众多研究文献中独具日本特色。③

1927 年望月信亨、关本谛承、松本文三郎的《善导大师の研究》是关于善导的整体研究，一方面主要针对《续高僧传》《往生西方净土瑞应删传》《念佛镜》《净土往生传》《新修往生传》所记载的善导事迹进行了简单介绍，并做了文本比较，为之后的比较研究打开了新的思路；另一方面结合善导的"五部九卷"作品阐明要义，有利于传播善导的净土思想。④

1930 年，日本净土宗学会编纂了《高祖善导大师绘传》⑤，将善导一生的重要经历以短语的形式进行了较为精准的概括和总结，其中包括"入藏探经""游历庐山""往访西河""三昧发得""长安教化"等内容，全书采用日文书写，有利于日本民众接受善导的净土宗思想和主张。

1930 年，大野法道的《善导大师与日本》⑥ 一书首先肯定了善导弘扬大乘佛教的精神，认为善导大师的学说是日本佛教转向的原动力，促进了

①　织田得能. 和汉高僧传. 卷上［M］. 东京：光融馆，1895.

②　藤谷还由. 六字释说教［M］. 护法馆，1907.

③　平安专修学院编. 和赞略释：高僧正像末［M］. 与教书院，1926.

④　净宗会. 善导大师の研究［M］. 东京：中外出版，1927.

⑤　净宗会. 高祖善导大师绘传［M］. 1929.

⑥　大野法道. 善导大师与日本［M］. 陈应庄，译. 东京：净土宗务所，1930.

日本净土宗乃至日本佛教的发展；其次对善导的生平、善导的作品内容、善导的思想人间观、佛陀观、净土观，以及善导的生活记录和善导对中日两国的感化传播分别进行了叙述。

20世纪80年代以后，日本学界有关于善导的研究数量逐渐增多，形成了一个研究热潮，研究内容与之前相比更加广泛，研究问题也更加具体。

其间，日本将善导思想作为单独部分进行研究的成果十分丰富，研究内容由忏悔思想、念佛往生思想、三心释等诸多内容组成。其中对忏悔思想的研究最具代表性，如2000年中村英龙的《善导教学における懺悔思想について》①、2001年上野成观《善导に于ける忏悔思想について》②都着重研究忏悔思想。1997年森田义见的《善导の净土愿生思想》③和2012年市野智行的《善导の指方立相说について》④也是从思想层面进行研究的佳作。

对于善导与日本净土宗关系的研究，善导思想对日本净土宗影响的研究，还有宫崎隆幸的《善导大师净土思想与日本净土教》⑤等论著。近年来，山崎真纯的《净土教における善导の研究》⑥侧重于研究善导思想产生后对中国和日本的影响，内容涉及善导个人研究的一些争议问题以及作品的流传情况，重点阐释了唐中期之后的怀感、法照、飞锡等人以及宋代的知礼、遵式和圆照等人受到的善导的影响，同时研究了善导对日本净土

---

① 中村英龙. 善导教学における忏悔思想について［J］. 印度学佛教学研究，2000，48（2）：618-621.
② 上野成观. 善导に于ける忏悔思想について［J］. 印度學佛教學研究，2001，50（1）：139-141.
③ 森田义见. 善导の净土愿生思想［J］. 印度学佛教学研究，1997，45（2）：775-777.
④ 市野智行. 善导の指方立相说について［J］. 印度学佛教学研究，2012，61（1）：244-247.
⑤ 宫崎隆幸. 善导大师净土思想与日本净土教［D］. 中国人民大学，2014.
⑥ 山崎真纯. 净土教における善导の研究［D］. 龙谷大学，2015.

教的影响，综合性极高。

第二节 争议问题归纳

本节主要以"五部九卷"的作者善导为研究中心，在借鉴前人研究成果的基础上，总结出一直以来围绕善导研究存在的几个热点问题，包括善导别名、善导与善道之争、善导的籍贯争议、中日两国对于善导年表比较、善导的圆寂方式以及除"五部九卷"之外善导的其他著作等。

一、善导别名

善导（613—681），生活在隋末唐初，俗姓朱，未知具体的俗家名字。这是我们通过目前的资料可以了解到的比较准确的信息。但是在中日文献中，有一些别名也是指善导，其中以日本的别名数量最多，差异明显。

例如，日本学者武田晋在《本典引用の"往生礼讃"と"集诸経礼忏仪"》① 中称善导为终南大师，这是因善导在终南山悟真寺弘传佛法。这种冠以寺庙名称的表示方法在日本佛教大学综合研究所于 2011 年出版的《净土教典籍目录》中可以找到依据，在其中我们还可以得到以下关于善导别名的信息：

"善导大师、善导禅师、善导和尚、律师西京善导阇梨、善导阇梨、西京实际寺善导禅师、亲证三昧大德善导阇梨、大善导阇梨、慈恩寺善导禅师、慈恩寺善导和尚、导禅师、导师、高祖、光明大师、光明宗师光明

---

① 武田晋. 本典引用の"往生礼赞"と"集诸経礼忏仪"［J］. 龙谷大学论集，2010（7）：474-475.

一师、净业和尚、宗家、善导和上、光明寺の和尚。"①

这里有两处地方值得注意，第一处是在别名表达上充分将寺院、地名与善导相关联，出现了西京实际寺、慈恩寺、光明寺等寺院名和地名，我们可以通过对地点的考察对善导生平的活动进行串联。

慈恩寺是善导弘传佛法的所在地，因此有人称其为"慈恩寺善导禅师"或者"慈恩寺善导和尚"。僧义法师为善导立《唐慈恩寺善导禅师塔碑》，用以仰怀善导弘传佛法的功德。日语"光明寺の和尚"译为光明寺的和尚。相传因善导称念佛名，口中放出光明而得名。关于光明寺的地点考证，至今仍存在一定的争议，日本花园大学博士道悟在其《光明寺与善导行迹》② 一文中，总结了前人的一些观点，认为光明寺的真实地点不一定在长安，同时在今浙江省境内找到了光明寺遗址。但可以确定的是，善导确实曾在光明寺传法。

西京实际寺善导禅师和亲证三昧大德善导阇梨的说法源自《河洛上都龙门之阳大卢舍那龛记》，原碑文是"检校僧西京实际寺善导禅师"，这里的"善导"和"善道"出现了不同的写法。再者就是在《唐实际寺隆阐法师碑》中有此种说法，此碑文现在已经失传。在清代王澍的《虚舟题跋》中有："时有大德善导阇梨，十余年而死，隆阐为建坟茔塔，又于寺院造塔一十三级，得闻于上。高宗及泽天皇后临幸其寺，时有赐予。"③ 与这两条记载相关的考证性论著已经有很多，如李建超的《汉唐两京及丝绸之路历史地理论集》、日本稻冈誓纯的《关于善导大师所居住的寺院》等，这里不再赘述，虽然至今仍有争论，但是我们还是普遍认为，这里的善导和善道就是同一个人，只不过出现了写法上的不同，有可能是因为笔误或

① 日本佛教大学综合研究所. 净土教典籍目录［M］. 北海道：凸版印刷株式会社，2011.
② 道悟. 光明寺与善导行迹［J］. 佛学研究，2018（1）：220-226.
③ 王澍. 虚舟题跋 虚舟题跋补原［M］. 秦跃宇，点校. 南京：凤凰出版社，2017：48.

者是其他原因所致。"导"和"道"因为写法的原因，极容易出现笔误，例如在《论语》"忠告而善道之"一句中，"道"本作"导"。

这就引出了一个备受争议的问题，即善导和善道是不是同一个人的问题。但实际上，有关于"善导"和"善道"是不是同一个人的疑问的，并不止这一处。

第二处值得注意的地方是善导尊称的多样性。在国内我们通常会在其名后面加上"大师"两个字，表示对善导的尊敬。但是日本有专门研究"大师""和尚""禅师"等不同名称尊号的文章——曾和义宏的《善导の尊称について》①，为上文《净土教典籍目录》中提到的别名提供了部分文献依据，文章表明在法然创立日本净土宗之前，"善导和尚""导和尚""善导大师"的尊称就已经出现了，且出现的频率不分伯仲，通过查找日本文献中对尊称的记录，可以充分体现善导在日本的受重视程度和产生的影响。

二、善导与善道之争

关于善导和善道是否为同一人的问题，一直以来都存在较大争议，西藏民族学院的傅坤在其硕士论文《善导净土思想的哲学探析》② 中几乎已经将前人看法悉数总结，他所列举的汤用彤、陈扬炯、陈景富、李玉昆、林子青、温玉成、明复编、释智谕等众多学者的看法，都无一例外地认为善导和善道并非同一个人。其实关于这一问题，不少日本学者也持有不同的见解。

日本僧人葵翁的《集成光明善导大师别传纂注》，主要对王古《新修往生传》的第二十五、二十六两篇传记中所记载的善导大师相关内容提出

---

① 曾和义宏. 善导の尊称について［J］. 佛教大学综合研究所纪要，2008（15）：37-46.
② 傅坤. 善导净土思想的哲学探析［D］. 西藏民族学院，2008.

了疑问，简单总结了两传记中记载内容的异同："善导有其十一同，又有其三异，其同者一时代同谓共是唐代，二师范同谓共师道绰，三行经同谓共行观经，四得定同谓共发得念佛三昧，五忏悔同谓共教师忏悔三罪，六白光同谓共教师知临终相，七写变同谓共写净土变相，八专修同谓共一相念佛，九精进同谓共无间修行，十灭年同谓共高宗皇帝。永隆二年十一灭月，同谓共三月也。有此十一，同事知是一人。"① 很明显是认为《新修往生传》中的这两篇传记所说的善导是一个人。葵翁所说的三异，一是"导"和"道"字音相同，书写时容易出错；二是入灭的时间有细微差异；三是入灭方式不同。在他看来，这都是可以理解的小问题，而后所列举的材料也基本都是宋代所传的比较熟知的材料。在葵翁看来，不会存在有两个名字相似又同有大德的知名大师。

但是实际上，史上留名为善导的僧人，确实不止这两个，日本学者道悟就曾在其论文《光明寺与善导行迹》中提到："查僧传等史料，见存以善导为名的僧人共有三位：光明善导、石室善导、木平善导。"② 光明善导可能指的就是善导大师本人。石室善导也是唐朝的一位高僧，目前能够查到他的祖籍在潭州，是石头宗的一位僧人。木平善导的资料则更少，道悟在其文章的注释中，注解为袁州木平善导禅师，这一记录来自《联灯会要》。其实还有一位被记录为"后善导"的僧人，其祖籍为仙都山。由此可见，善导确实不止一位，可能存在着将不同善导事迹相互混淆的情况。所以善导与善道的种种相同和不同，应是后人将其事迹融合所致，这些为人熟知的传记不一定都是善导的相关事迹。

---

① 葵翁. 集成光明善导大师别传纂注［M］. 东京：三缘山藏版，1796：1.
② 道悟. 光明寺与善导行迹［J］. 佛学研究，2018（1）：222.

三、善导的籍贯问题

关于善导的籍贯，一般有两种不同的说法：一种认为大师是泗州（今属安徽，称泗州或泗县）人氏，还有一种说法是善导祖籍在山东临淄，即善导是现在的山东淄博人氏。这两种说法在相关文献中出现的次数不分伯仲。

日本僧人葵翁在《集成光明善导大师别传纂注》中写道："问或曰泗州或曰临淄，而考明志，二处相去凡二百四十里许，何以为证，曰后善导去大师不远，泗州之说，正足可据。而新修言临淄者，按昔传中必可有，或曰泗州或曰临淮人，异名而同地，故并不相远。然后人以临淮误写临淄，字类故。志磐统纪亦从王古耳。"① 这里解释了葵翁自己的看法，之所以出现两个地方的争议，是因为地名的写法接近，这段材料中也间接表明了他本人的看法更倾向于泗州说，但这也只是一种猜测，并不足以判断善导的籍贯究竟是二者中的哪一个。

日本学者岩井大慧通过考察善导的生平，在此基础上提出，善导曾到山东的密州跟随明胜法师修行佛法。明胜法师是山东人氏，按照古代的交通条件，如果从安徽的泗州出发，明显距离更远、难度更大，所以山东临淄有着地理条件上的优势。这种推测似乎有一定的道理，但是仍然缺乏可以让人绝对信服的依据，毕竟单纯从道路的远近来判断是缺乏客观性的。道路虽远，但在唐代中国已经具备了一定的交通条件，不能以道路的远近作为判断的绝对依据。

四、中日善导年表的对比分析

从古到今，研究善导生平事迹的著作并不在少数，其中也有相当一部

---

① 葵翁. 集成光明善导大师别传纂注［M］. 三缘山藏版，1796：6.

分学者将善导一生的主要经历制作成年表的形式，以供后人参考。本文选取岳麓社版《善导大师全集》中收录的由释慧净所编纂的年表和日本学者牧田谛亮在其著作《善导》中所编纂的年表进行简单比较。这两本书都属于研究善导及其思想的综合性著作，并且两位作者都是研究善导的大家，通过对比这两份年表，我们可以进一步厘清善导的个人经历，发掘中日研究视角的差异性。

首先是年表开始的时间，两位制作善导年表时都并没有单纯地从善导生卒年份入手，而是将对善导产生影响的人和事物进行归纳探讨。牧田谛亮从后汉时支娄迦谶翻译出《般舟三昧经》和《道行般若经》开始，列举了净土三经的翻译和庐山慧远组织的结社念佛，作为与善导相关的事件。从净土宗的源头入手，可以看出其比较重视经书典籍与善导之间的联系。释慧净则选择从慧远的出生开始，从影响善导的人物入手整理。

而后的编纂也基本上沿着以上思路进行，两者在编纂之初都提到了昙鸾、道绰、玄奘等人物。牧田谛亮把他们单独列为与善导相关联的人物，又将北周武帝的废佛列为中国佛教史关系一列，这个区分的思路是好的，但如果想把这两者完全区分开来，似乎比较困难。相比之下，释慧净将关联事物全部划分为其他事项，只围绕善导本人的实际经历研究善导事迹，似乎更能让人理解。

这一部分除了内容的侧重点不同，牧田谛亮还加入了关于建造石窟、末法观念、三阶教在长安的盛行等诸多内容。值得注意的是，两者都加入了佛教东传日本的信息，开皇二十年（600），日本首次派遣使者来到中国，仁寿元年（601）日本在三十州建立舍利塔，仁寿四年（604）日本圣德太子颁布法条鼓励佛教发展，这也为善导的"五部九卷"传播到日本创造了一定条件，因此将其视作是与善导相关联的事件也有一定道理。

613年，善导出世，关于这一部分没有任何疑问。

623 年，善导出家，师从明胜法师。牧田谛亮标注时间为 622 年。国内释净宗的《善导大师的净土思想》①采用了与释慧净同样的标注，标为 623 年。时间差了一年左右，总体看来可以忽略不计。

630 年，善导接触西方净土变相图，牧田谛亮标注时间为 627 年，释净宗标注时间为善导 18 岁时，应是 631 年左右。国内的一些论文专著多受释慧净和释净宗的影响，将时间直接抄录下来，而日本方面的著述很少涉及此事的具体年份，因此这处具体时间暂时存疑。

632 年，善导具足受戒，与妙开律师共看《观经》。633 年善导已经成了远近闻名的高僧，牧田谛亮此处特别注明了在终南山悟真寺的修行，将善导的生平补充得更加完整和清晰。

638 年，善导去往山西玄中寺求访道绰，这里二者记载一致。关于这一事件，也有学者虽并未言明具体时间，但可提供判定依据。例如 1994 年宫井里佳在其《善导における道绰の影响："忏悔"をめぐって》②一文中，为考察此事的时间提出了两个条件：一是此事在贞观年间发生；二是善导求访道绰是在其晚年的时候。这个时间范围其实比较宽泛，中国唐朝贞观年间指的是在 627—649 年，而据相关传记记载，道绰圆寂于 645 年，638 年在此时间范围之内，综合来看，这两份年表所提供的时间应该是比较可信的。

对于 645—648 年期间，两者的说法整体上并没有很大分歧。根据牧田谛亮的表述，在这段时间内，道绰圆寂，善导返回终南山悟真寺，在光明寺净土院讲说佛法，抄写了数万卷《阿弥陀经》并且绘画净土变相图三百余幅，开始撰写"五部九卷"著作。释净宗在《善导大师的净土思想》

---

① 释净宗. 善导大师的净土思想［M］. 北京：东方出版社，2014. 前言部分为善导大师简介。

② 宫井里佳. 善导における道绰の影响："忏悔"をめぐって［J］. 待兼山论丛（哲学），1994（28）：29-42.

中提到，善导曾在这一期间内，往返长安的光明寺、慈恩寺和实际寺弘传佛法。这里最大的争议是"五部九卷"创作时间的不同。

663 年，善导被任命为检校僧，牧田谛亮并未提及。

672—675 年，善导奉命监督卢舍那大佛佛像和奉先寺。

676 年，释慧净纂善导在这一时期撰写"五部九卷"等著作，这一年善导六十四岁，此时距离善导圆寂的时间还有五年左右，把这一段时间作为"五部九卷"等著作的完成时期似乎显得有些仓促，因此笔者认为在"五部九卷"的创作时间上，上文提到的牧田谛亮的推测更为合理和准确。

681 年，善导功德圆满，往生极乐。关于善导生卒年份问题，现在中日学界基本认定为 681 年。温玉成的《关于善导禅师生卒年问题》① 已经将这个问题考证得非常清晰，在这里不再赘述。

日本学者藤原犹雪也整理过类似的年表，进一步说明了善导作品与日本的联系，但是其重点并不在于考证善导的生平，而是在于厘清善导著作版本的来源。该年表的时间也并不着重于善导著作的写作，而侧重于流传于后世的引用和收录，年表中的内容源于他的《善导大师本具两疏弘传考》② 一文。

---

① 温玉成. 关于善导禅师生卒年问题 [J]. 文物，1985（3）：27-28.
② 藤原犹雪. 日本佛教史研究 [M]. 东京：大东出版社，1990.

第二章　善导的艺术成就及其影响

第一节　善导的艺术成就

　　善导在雕塑、诗歌、书法、绘画等方面都有极高的艺术造诣。善导雕塑的龙门卢舍那大佛，鬼斧神工，在当今看来，仍然是最优秀的造像艺术。大佛是唐高宗发愿为他的父亲太宗李世民建造的，太后武则天则花费了巨资赞助。赵朴初在诗赞中的"龙门大像，旷古神工，赖公检校，人天永崇"一句，说的正是此事。在佛门中，佛有三身，即法身、报身和化身之区分，卢舍那大佛是佛的报身。报身是对于初地以上菩萨应现的，是处于实报庄严土。大卢舍那石雕像通高17.14米，头高4米，耳长1.9米，位于洛阳龙门西山南部山腰奉先寺，至今仍然是重要的世界文化遗产之一。

　　在绘画方面，善导也有极高的天赋。在18岁时，善导就是在观看"西方净土变相"图时，被图中精美的画面所震撼，于是遁入空门而精研佛理。出家后，善导更是画了大量的"净土变相图"壁画。据史料记载，善导所画的净土变相图有三百余幅，在数量上非常惊人。从现存的净土变相图来看，变相图要符合《观无量寿经》《阿弥陀经》等的记载，因为净土的景观微妙庄严，难以思议，没有极高的想象力和绘画天赋是难以把握的。善导成功绘制了三百多张"净土变相图"壁画，这不仅反映出善导卓越的绘画才能，更能展现出善导的绘画题材对后期"变相图"壁画艺术的深远影响。相传敦煌千佛洞的《观无量寿佛经》曼荼罗就是善导亲手所画。这些曼荼罗色彩鲜明，造型准确生动，描绘了西方极乐世界的种种景物、圣物、场面等，是《观无量寿经》中十六种观想方法的艺术再现。

除"西方净土变相"图外，善导还画有大量的地狱变相图，这些绘画作品也有很高的艺术成就，对后世的影响更为深远。有"画圣"之称的吴道子就是以画地狱变相图而闻名于世的。善导生于 613 年，而吴道子出生年为 680 年，比善导要晚一些，两者画同一题材的作品，吴道子的画受善导影响是显而易见的。《东观余论》对吴道子地狱变相图的评价是："视今寺刹所图，殊弗同。了无刀林、沸镬、牛头、阿旁之像，而变状阴惨，使观者腋汗毛耸，不寒而栗。"《唐朝名画录》中说："京都屠沽渔罟之辈，见之而惧罪改业者，往往有之。"可见，这些绘画杰作对当世及后世的震撼与影响是非常大的。

图 2.1

吴道子《地狱变相图》真迹已经失传，后来人们依此而临摹的存世作品也仅流传下三幅，三幅图中将人物描绘得惟妙惟肖，堪称精品中的精品。

除在绘画方面有杰出的才能外，善导在书法方面也有很高的成就。据说他曾书写《阿弥陀经》十万余卷广为流传，这个书写数量是很惊人的。近代新疆吐峪沟高昌故址发掘出的许多古代写经中，就有善导写的《阿弥陀经》的残片，卷末记有"愿生比丘善导愿写"的题记，可能就是善导留下的十万余卷书法字迹的片段。这些书法作品方正稳健，气韵生动，很见功力。

善导的诗歌，多出自《净土法事赞》《往生礼赞》《依观经等明般舟三昧行道往生赞》等，诗文言简意丰，文辞优美，有很高的艺术感染力。如在《依观经等明般舟三昧行道往生赞》中，善导以饱满的感情歌颂西方净土的殊胜庄严：

> 一一宝楼随意入，内外庄严不可识。
>
> 鸟作音声菩萨舞，童子欢喜作神通。
>
> 为我娑婆得生者，种种供养令欢喜。
>
> 佛遣生人将观看，到处唯是不思议。
>
> 地上虚空圣人满，珠罗宝网自然覆。
>
> 微风吹动出妙响，声中皆说无为法。
>
> 见树闻波成法忍，童子持华围绕赞。
>
> 立侍弥陀听说法，贪爱法乐超时劫。
>
> 随逐本国诸菩萨，尽是无为涅槃界。
>
> 一佛国界皆闻法，游历他方修供养。
>
> 欲住一食超千劫，忆我娑婆同行人。

大地微尘尚有数，十方佛国无穷尽。

一一佛土皆严净，亦如极乐无殊异。

一切如来见欢喜，菩萨圣众将游观。

所有庄严如极乐，变化神通无障碍。

地上虚空声遍满，听响闻音皆得悟。①

而《净土法事赞》中，善导依次以诗歌的形式对《阿弥陀经》的经文进行诠释，如在"又舍利弗，极乐国土，有七宝池，八功德水，充满其中。池底纯以金沙布地，四边阶道，金银琉璃玻璃合成。上有楼阁，亦以金银、琉璃、玻璃、砗磲、赤珠、玛瑙而严饰之。池中莲华大如车轮，青色青光，黄色黄光，赤色赤光，白色白光。微妙香洁。舍利弗，极乐国土，成就如是功德庄严"一段后，善导写诗赞云：

极乐世界广清净，

地上庄严难可量。

八功香池流遍满，

底布金沙照异光。

四边阶道非一色，

岸上重楼百万行。

真珠玛瑙相映饰，

四种莲华开即香。

十方人天得生者，

各坐一个听真常。

是故彼国名极乐，

---

① 善导．善导大师全集［M］．长沙：岳麓书社，2017．

众等持华来供养。①

总之，善导巨大的艺术成就，对当时及后世的诗、书、画等各个创作领域都产生了深远的影响。其感人肺腑的艺术表现力，不仅影响到后世的艺术创作者，还远及东南亚等其他国家。如日本的国宝级文物"当麻曼陀罗"，就是鉴真和尚东渡日本后，依照其在净土堂内目睹的、善导所绘的西方三圣像及净土变相图进行复制，从而传入日本的。在此，又想起了赵朴初居士所作的赞颂善导的诗偈："两邦云仍，俱会一处，永敦夙好，同遵祖武。我作此偈，赞古赞今。南山东海，长曜明灯。""长曜明灯"一句，画龙点睛地描写出了善导一生的巨大成就——点亮了后世一代代人文化艺术前行的方向！

在明清时期，朱耷、石涛的诗、书、画作品中都有善导的影子，可见善导文化艺术成就影响之深远，现将朱耷、石涛艺术作品列于后，让我们从中领悟善导的艺术思想。

第二节　善导影响的艺术家之一：石涛

石涛，姓朱，名若极，小字阿长，号大涤子、苦瓜和尚、清湘老人、瞎尊者等，法号原济、元济等。祖籍安徽凤阳，原籍广西桂林，籍贯广西全州，为明末靖王朱享嘉之子。石涛是明末清初著名画家、理论家，也是清初"四僧"之一。

---

① 善导．善导大师全集［M］．长沙：岳麓书社，2017.

一、石涛的诗

石涛的诗文功夫是卓尔不凡的！他的各类体裁创作上均写了题画诗。其创作的题画诗可分为五言绝句、五言律诗、七言绝句等。其中以七言绝句为最多。如《松山茅屋》二首、《种闲亭菊》三首、《烟树涨村图》一首、《松梅图》一首、《梅花图》一首，等等。五言绝句在他的作品中也较为常见，如《秋艇临风》《竹石梅兰图》等。而五言律诗则不常见，留下的有《前海观莲花峰》等。

石涛往往以画寄情，以诗扩意，题画诗与画作的搭配妙趣横生。诗中携画，画中寓诗，巧然搭构，使整幅画的意境与品格提升到唯高唯美的境界。

其中，《秋艇临风》以画家驻足观察荷塘中的荷花为咏——池塘中出淤泥而不染的朵朵荷花于清晨出水、竞相开放，日出时蜻蜓闻香而来，驻足在荷花花瓣顶部、贪婪于芳香——将自然实景进行贴切的表达，接着又写自己长时间的身临其间，看到凋零的残叶片片，感慨时光的流逝和自然的变迁。到了夜晚，萤火虫点点闪飞在其间的寂夜美景，将人与景色，飞虫与花香，流逝与变迁，日夜与轮回等巧妙地结合到一起，使人不禁感叹美好的景色在时光的行进中无常而多变，却又无可奈何，珍惜当下应是观察者当选之明智之举。

秋艇临风

我来荷出水，住久叶渐凋。

日许蜻蜓立，夜阑萤火飘。[①]

---

① 朱良志. 石涛诗文集［M］. 北京：北京大学出版社，2017.

在《烟树涨村图》一诗中，石涛感叹平静的江面没有一丝波纹，而天上流动的云里却飞行着三只鸿雁。由此景而引情，联想到：人的昔故情怀如烟树间的涨村舍宅一样难遮难挡。石涛以静与动的对比来形容和抒发难以抑制的思念故旧之心。这种情景往往如云烟丛林后面的点点村舍一般，时隐时露，不可遮隐。

烟树涨村图

棹歌江上不扬波，云里翩翩三雁过。

客况难禁思故旧，如何烟树涨村多。①

另外一首《竹石梅兰图》所抒发的是：条条兰叶皆清清净净地生长着，朵朵梅花则随着心境转幻而透放着妙香。大自然的变化应如这条条兰叶和朵朵梅花一样，无论时空如何变幻，都能蕴藏和深掩其中。石涛这种以物对景、以小见大的诗歌语言，在他的众多诗作中常常出现。

竹石梅兰图

一叶一清静，一花一妙香。

只些消息子，料得此中藏。②

石涛的诗以七言绝句较为常见，在《松梅图》中，石涛描绘了磊落的江村却知音渺少，树上积雪在春暖乍寒中仍未消去，春既至，牡丹花萼虽在春寒中却终会开放，"花中之王"一年四季的聚积和生长终有一日会绽其风韵，就如人一生的所有付出和积累，会随着因种果熟的生长、生成，

---

① 朱良志. 石涛诗文集［M］. 北京：北京大学出版社，2017.
② 朱良志. 石涛诗文集［M］. 北京：北京大学出版社，2017.

得到应有之果报和收获。在诗中，石涛这里的景与物，事与人都借着"时间与生长"间接地表达了出来。

松梅图

江村磊落相知少？老干苍虬雪未消。

玉萼将开春乍晓，一生风韵见清标。①

石涛在花卉科目中最喜欢画荷花和咏荷花，下面看看这首《题荷花》诗：

荷 花

荷叶五寸荷花娇，贴波不碍画船摇。

相到薰风四五月，也能遮却美人腰。②

这首《荷花》是七言绝句。从写荷叶相衬中的荷花娇美，转入水波摇舟中的悠然自在。四五月的夏风微微吹拂，将满塘荷香盈满空间，美人之腰亦遮却其间。浪漫的诗景与画面，别具一格的构思语言，将作者的奇妙情怀抒发出来。

海 棠

老于无事客他乡，今日吟诗到海棠。

放浪不羁行迹外，把将卮酒奠红妆。③

---

① 朱良志. 石涛诗文集［M］. 北京：北京大学出版社，2017.
② 朱良志. 石涛诗文集［M］. 北京：北京大学出版社，2017.
③ 朱良志. 石涛诗文集［M］. 北京：北京大学出版社，2017.

诗中词释义：卮，音 zhī，是指古代盛酒的器皿，圆形，容量四升。

这首"七绝"诗是石涛晚年所作。诗中将作者年老仍客居他乡，游步于海棠花前有感吟诗，以放浪不羁的行迹之身，手捧美酒奠洒于海棠花前的浪漫之举表现得老而不凡，奇而不俗。

大涤子题画诗跋

名山许游未许画，画必似之山必怪。

变幻神奇懵懂间，不似似之当下拜。

心与峰期眼乍飞，笔游理斗使无碍。

昔时曾踏最高巅，至今未了无声债。

在这首石涛的七言律诗中，诗人将自然的山水风景，以独具怪异的表现形式，将似与不似的山川之形、像与不像的美学观点着重表达了出来。对于其间蕴藏的神奇之美的欣赏与感叹，也以膜拜之身体现出来。这些是他自己在游览山景以及登上最高峰时观察和感悟到的，都是在"搜尽奇峰打草稿"的写生画稿中整理和变通出来的。他将自己的感悟和收获用笔墨无拘无束地挥洒于纸上，即使这样，也并不总能将自己观览和写生后的种种感悟与心声尽情地表达出来。因此，这是一种难言难叙的心中亏欠与堆积已久的"债务"。

石涛的美学思想和绘画形态在这首诗中已初步展示出来，特别是他的"不似似之"的中国画理论的提出。在他以该理论为指导进行绘画与创作的一生中，探索和留下了宝贵的理论思想和绘画作品，对后世和中国画的发展有着高屋建瓴的积极作用。

苦瓜老人雨花深雪

地湿沙青雨后天，墙头春杏正鲜妍。

水边新燕衔泥蚤，花下蜻蜓戏蕊先。

买醉江南好亭榭，放歌曲裹快蹁跹。

一枝我意簪冠去，且与狂夫是为联。①

诗中词释义：蹁跹：音 piān xiān，指旋转的舞姿。

七言律诗是新体诗中的高难之作。这首诗的首联以景开头，写江南雨后的风清气爽，与河边沙滩和山居间墙头上的春色红杏等美景。颔联则转而写禽鸟与飞虫：将水边忙着筑巢而频频衔泥、来回纷飞的燕子，与池塘荷花间蜻蜓驻足在黄色花蕊上汲采蕊香的生动形状，准确地进行刻画和描写。颈联最为精彩：买壶好酒于江南美好的春景与庭榭中尽情地豪饮，然后放逸地旋转并放声高歌，将心中包裹着的快乐尽情地释放出来。尾联将豪放的样子形容到了极致，在旋转与放歌中，头上的簪子与冠带都随着身心的快意而散飞，只留下狂态放逸的酒伴与自己一同跳舞高歌……

这是石涛诗作中较为浪漫的作品，诗中将自己狂放不羁的醉舞声歌与快然身心表现得酣畅淋漓，读来仿佛身临其境，同时也表现出石涛的释怀之心和诗作风格。

石涛一生中在黄山一带寓居了较长时间。在这个时期，他创作了较多的以黄山风景为主题的诗作与绘画，下面这首七言长诗正是这个时期的诗作代表。

题黄山图诗

太极精灵随地涌，泼泼云海练江横。

① 朱良志. 石涛诗文集［M］. 北京：北京大学出版社，2017.

游人但说黄山好，未向黄山冷处行。

三十六峰权作主，万千奇峭壮难名。

劲庵有句看山眼，到处搜罗短杖轻。

昨日黄山归为伴，至今灵幻梦中生。

不经意处已成绝，险过峦生冷地惊。

昔谓吾言有欺妄，五年今始信生平。

几峰云气都成水，几石苔深软似绒。

可是山禽能作乐，绝非花气怪天呈。

石心有路松能引，空外无声泉何争。

君言别我一千日，今日正当千日程。

人生离别等闲情，愧余老病心凄清。

有杯在手何辞醉，有语能倾那不倾。

满堂辞客生平盟，雄谈气宇何峥嵘。①

　　这首七言古诗，以气势壮阔的黄山风光为抒写主题，形容太极之初的浑宇灵变之中，大地上生成并涌现出了美丽雄奇的黄山。在山奇、石怪、云美的风景中，条条云带如大江横流一般穿插在座座奇山与雄峰之间。依着千古游人的传说而游入黄山的深冷之处，只见三十六峰万千奇峭般的多变峰姿，让人难以名状。山间的庵庙隐掩在松树后面，攀行中也不忘细心察看，手中的执仗似不存在了一般。一天之中所观之美景，在夜间的酣梦之中灵幻闪现……

　　本诗以浪漫而写意的风格将黄山的劲松与云海、怪石与山泉、飞禽与林鸟等，于快乐自在间的游览与观赏中悉数展现，并大发感慨与奇思异构，将黄山的种种之美、点点之奇，处处之绝都收置于胸中，并酝酿着绝

　　①　朱良志. 石涛诗文集［M］. 北京：北京大学出版社，2017.

妙的灵创……

最后，诗人手持酒杯，与交好的文友们满堂相聚，大家互相感叹着黄山的种种神奇之美并尽情地交流、倾谈，再次感受气宇间的神奇景致与岁月峥嵘。

这种痴迷于黄山景色的诗作，在石涛的《黄山图》中，表达得更加具体独特。

黄山图

黄山是我师，我是黄山友。

心期万类中，黄山无不有。①

这里，石涛将"外师造化，中得心源"的绘画师承法则中的"以自然为师"表达得言简意赅。在表达了他以黄山为师为友的心声后，又感慨心中的一切期盼和幻想，仿佛在黄山之中无所不有地呈现和隐藏着！这首五言绝句《黄山图》，堪为他的诗中名作。

《题画黄山》

墨团团里黑团团，墨黑丛中花叶宽。

试看笔从烟里过，波澜转处不须完。②

诗中的奇构与妙思独到，语言与文字功力处处可见。石涛在文学史上虽然称不上是一位伟大的诗人，但亦不失为一位优秀的诗作者。其名篇与名句，将其诗文才华展示给无数喜诗爱文的后人，使人从中得到不同的感悟和启发，这已经是一位历史人物的不俗贡献了。

---

① 朱良志. 石涛诗文集［M］. 北京：北京大学出版社，2017.
② 朱良志. 石涛诗文集［M］. 北京：北京大学出版社，2017.

二、石涛的画

石涛出生于明亡之际，虽为明王室后裔，但明代的灭亡致其王室和家室亦随之覆亡。故石涛的童年成长、生活在父母双亡与衣食无着的凄寒境地，这迫使他较早地寄身于寺庙，出家以济生。由于他天资聪慧，笃志好学，又有较高的艺术天分，便不再拘受于僧寺的戒律科修，而以从艺养身式的方法开始过着游历天下的生活。他一生中到过广西、湖南、江西、安徽、浙江、江苏、陕西、河南、河北等地。在游历人生中对大自然的山水花木、鸟虫兽鱼等闻记于胸，绘图于纸。故其一生写生创作了大量的书画作品，亦结交了多地的文化名人与书画大家。石涛的艺海生涯就是在游历与寄居中进行的。

从石涛较早的传世作品《山水人物图卷》《十六罗汉应真图卷》中，可以看出这位天才画家在 23 岁时的不凡才华。画作技巧的娴熟在其青年时代就已表现出来了。

图 2.2

图 2.3 石涛 山水人物图卷①

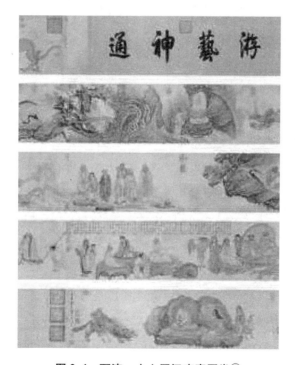

图 2.4 石涛 十六罗汉应真图卷②

---

① 藏于上海博物馆。
② 藏于上海博物馆。

　　石涛早年的绘画以细笔人物画较为常见，从当代画家崔如琢高价购买收藏的《罗汉百开画册》中可以发现，石涛早年的绘画题材多是以佛教人物画为主，这可能与其出家有关。百页的画面中，石涛用细笔功夫与白描勾线，将严谨与娴熟的绘画技巧十分工整地表现出来。

图2.5　石涛　罗汉百页画册①

---

①　崔如琢私藏。

随着石涛的游历生活与岁月步履的辗转，其绘画内容从以佛教人物为题材，渐渐转向山水树木和花草卉妍。这是石涛绘画生涯中的主要绘画内容与艺术成就之所在。他这类题材的山水画，所绘制的景色与境地拥有不同风貌与各种意境，同时也以不同的绘画技巧来表现和表达。

如他中年创作的山水名作《山水清音图》《游华阳山图》《巢湖图》《云山图》《雪景山水图》等，从中可以看到不同地方的景致与山水风情。

图 2.6　石涛　山水清音图①　　图 2.7　石涛　巢湖图②　　图 2.8　石涛　游华阳山图③

---

① 藏于上海博物馆。
② 藏于天津博物馆。
③ 藏于上海博物馆。

图 2.9　石涛　云山图①　　　　　图 2.10　石涛　采菊图②

　　到了康熙五年（1666），45 岁的石涛游历到了安徽宣城一带，在游历观赏了黄山风景返至敬亭驻足地时，创作完成了《黄山图》这幅传世山水画。

---

　　①　藏于北京故宫博物院。
　　②　藏于北京故宫博物院。

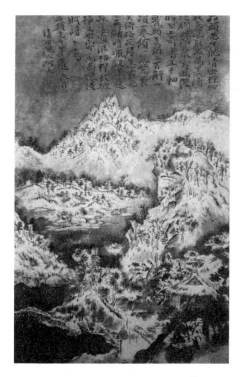

图 2.11　石涛　雪景山水图①　　　　图 2.12　石涛　黄山图轴

在这幅《黄山图》的中景部分，出现了上下两个比例基本相等的山峰，这在经营与构成上，似乎犯了禁忌，但在这两个山峰前后，布局安排出三条云带，云带间有各自不同、错落有致且数量不等的远山、中山、近石等，加上不同的树木、巨石、丛舍等，打破了中景两个山峰的平庸与呆板，使画面顿时生动和别致了起来。近景则构以向下倾力的大块巨石，与画面主视点的两个山头形成了开与合的收放调和与平衡稳定的奇特构成。画的中部云带下面，一位头顶笠冠的行僧在云间的丛木中沿着山间小道穿行……中景的松树、杂木、幽篁与近景巨石上的簇簇苔藓等，放置与点缀

① 藏于美国堪萨斯市纳尔逊博物馆。

得层次分明。整个画面物与形的精心构制使不同物景顿然生动妙美起来。

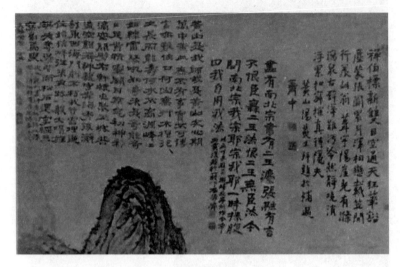

图 2.13

　　画面上方中间部位的题款："画有南北二宗，书有二王法。张融有言：'不恨臣无二法，恨二王无臣法。'今问南北宗，我宗耶？宗我耶？一时捧腹曰：'我自用我法。'"这段跋言表达出石涛本人不拘成法，勇创自法，对明代以正宗自居的董其昌提出的"南北宗论"进行了讥讽和藐视，将石涛本人的创造精神表露得坚定而自信。

　　《清凉图》则描绘了大江沿岸，一处小山与丛林间的每所避暑庭院。江中的清流与徐徐吹来的江风在逸然惬意的自然夏景中悠然悠哉。江中的风帆与江中的云水更增添了岸上避暑地的清凉与舒爽，使画面在清新怡人的爽快中气韵生动起来……《清凉图》的中间采用斜式江岸分割，构成整体画面，以岸上的实与水上的虚来打破画面的平均感，使平淡中顿生奇异，加上左上方的一组题画诗款书的点缀调和，红色印章与帆点的呼应点

图 2.14 石涛 清凉图①

睛，将平中之奇、奇中之精经营得恰到好处，独具匠心。

最能代表石涛艺术成就的，当属他的山水画。而山水画中尤以他中晚期的作品最为成熟。在这个阶段，他将遍游天下的景物见闻与画技感悟尽情表现在不同画作中，多以奇峰异石为主，匠心独运，每幅画作中不同的绘画风格与技巧，表现出其卓越的艺术奇才与超凡的绘画天资。

---

① 藏于南京博物馆。

一　　　　二　　　　三

四　　　　五　　　　六

七　　　　　　　八　　　　　　　九

十　　　　　　十一　　　　　　十二

图 2.15　石涛　中晚期山水画之一至十二

在花鸟画领域，石涛存世的多为些水墨花卉作品。这些花卉作品中，较明显地有着徐渭大写意花卉的承传迹象，而水墨竹子则有石涛本人的独创。似与不似间，他在水墨竹子中较好地打造出区别于他人之法。

图 2.16　石涛　樵菊竹石图① 　　图 2.17　石涛　临风长啸图

---

① 藏于上海博物馆。

图 2.18 石涛 墨竹图① 图 2.19 石涛 灵台探梅图②

三、石涛的书法

石涛的书法似乎并不突出，但从他不同书体的跋文与款字中，透出其不凡的功力和书法造诣。他丰富的绘画技巧、用笔及笔下多变的造型，更能证明石涛不同凡响的书法成就及其过人的书法功底。

---

① 原张大千私藏。
② 藏于上海博物馆。

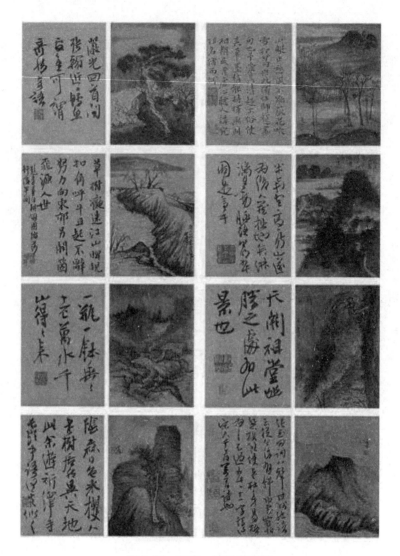

图 2.20   石涛   神品书画册

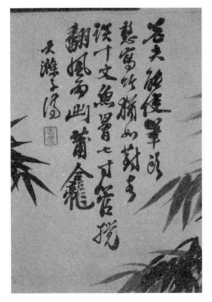
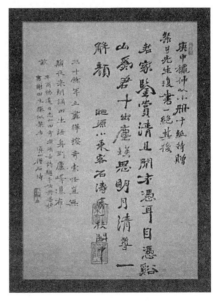

图 2.21　石涛　题画款书

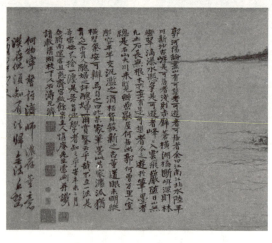

图 2.22　石涛　题画款书

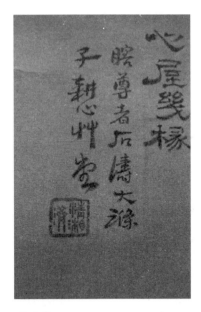

图 2.23 石涛 题画款书①

　　画家的书法往往不求与专事书法者同，因画家的字是要题写到不同画作上的，并要达到与画面谐和为一的佳效。如颜真卿的书法虽好，却不适合题于唐寅与赵孟頫的画作上，因其书风与画风有较大的不同。故每个成功的画家必须在练就一手过硬的书法功夫后，再以书法谨严之用笔、结体、章法等整套法度，将"计白当黑"的妙严法度与画的"骨法同笔"融合成一体，并在落款题跋时达到字与画的整体经营与相得益彰，书画琴瑟与谐和唯美的程度。而石涛的书法正是达到了这种书画间的神奇妙效与不凡能力。因此，石涛的书法是出色的。

---

　　① 以上图片均为石涛各题款书。藏于北京故宫博物院或私人珍藏。

第三节 善导影响的艺术家之二：朱耷

一、朱耷的诗

朱耷（1626—1705），原名朱统，字刃庵，号八大山人、雪个、个山、人屋、道朗等，法号传綮。是江西南昌人，明末清初画家、书法家，清初"四僧"之一。

朱耷生于明末的皇室之家，为朱元璋十七子朱权的九世孙。其祖父、父亲、叔父均为享誉当时的书画家，诗文高手，书画理论家（叔父朱谋垔著有《画史会要》）等。受其皇族世家的文化熏染，朱耷八岁能诗，九岁能悬腕写小楷，十一岁能画"青绿山水"。加上本人的天资绝慧与好学，在其少年时期，便有了坚实的文艺基础和过人的文化积累。

崇祯十七年（1644），明朝灭亡，朱耷时年十九，不久父逝、妻死。无处安身的朱耷悲怨满怀地奉母携弟出家为僧，寄于空门庙宇中以喘息避难，从此开始了他一生为僧为道的悲欢人生路。朱耷的艺术人生就是寄托于这样的佛道之门中创作与完成的。

朱耷的诗以五绝和七绝最为常见。他的五绝诗有《题双西瓜图》《题画湖石》《题桃花》《题罗牧山水册页诗二首》等。七绝诗有《题折技梅》《题猫石图》《题荷花》《题芋》等，其诗风之鲜明独特在诗词史上是不多见的，用"才高诗怪"来形容他的成就或许更贴切些。

朱耷作为正统的皇室后裔，国破家亡的经历使他的人生和作品都沉浸在浓厚的悲凉气氛中。叶丹在《过八大山人诗》中说："遗世逃名老，残山剩水身。"遗民情怀是朱耷大量诗歌创作的一个重要主题。当朱耷十九岁时，这位不识愁滋味的皇家子孙，站在了翻天覆地的十字路口，目睹了大明王朝的覆灭。在他著名的《题画诗》中，朱耷感叹乱世江水不再东流，而是由北往南（暗喻清军南下）流，这种违背常理的事居然发生在自己身上。故国的权椰树，也只剩下老干枯枝，公子王孙落魄于残山剩水，故国故园都不复存在，昔日的繁华也如同过眼云烟般转瞬即逝，只有山河依旧是那个山河，可我朱耷流下的泪水啊，比墨水还要多。

题画诗

墨点无多泪点多，

山河仍是旧山河。

横流乱世权椰树，

留得文林细揣摩。①

郑板桥在题八大山人的画时写道："横涂竖抹千千幅，墨点无多泪点多。"从朱耷在其画卷后的点点笔墨中，我们看到更多的是斑斑泪水。我们再看看朱耷写的这副对联：

愧矣，微臣不死！

哀哉，耐活逃生！

短短十二个字中，有多少血泪在流淌啊！黄宗羲对遗民做了一个界定说："亡国之戚，何代无之？使过宗周而不悯黍离，陟北山而不忧父母，感阴雨而不念故夫，闻山阳笛而不怀旧友，是无人心矣。故遗民者，天地

---

① 汪子豆. 八大山人诗钞［M］. 南昌：江西人民出版社，1986.

之元气也。然士各有分，朝不坐，宴不与，士之分亦止于不仕而已。"① 流淌着朱家皇室血统的十九岁朱耷，当时内心的矛盾与挣扎可想而知。不能够以身殉国，那就只有选择苟且偷生。可是，这又要背负多少骂名，忍受多少亡国辱家之痛啊！

朱耷的号是"八大山人"，学者赵力华认为"朱"去"牛"之后剩下"八"，"耷"去"耳"之后剩下"大"，故"八大"有失去牛耳之意。牛耳原意是指古代诸侯会盟，割牛耳以敦盛血，以珠盘盛牛耳，主盟者执盘，使与盟会者以血涂口（歃血），以示诚信不渝。后世比喻人在某方面居领导地位，则称之为执牛耳者。如邓实的《清代学术之流变》云："则二魏象枢、裔介、汤斌、李光地，……皆以大人先生，执学界之牛耳，然而无取焉者，一则伪名道学，以腴媚时君，一则著述虽富，或假手于其食客，是故清学而有此巨蠹之蟊贼，而清学亦衰矣。"作为明王朝后裔的朱耷，失去了执掌天下的权柄，故只剩下了"八大"了。"山人"则是"残山剩水身"，指逃逸山林、出家为僧了。

由于朱耷特殊的身世，其诗词内容多是悲哀凄凉的。他的诗常常采用晦涩的词句和曲意的表达，使整个意境神秘莫测，不知究竟所指，给后世之人留下了种种谜团和猜测。由于诗中常常引用不为世人谙知的典故和出处，故解释起来往往有不同的解读和结果。有专门研究和破解八大山人某首诗作的著名专家与学者，但他们亦对八大山人诗文内容的解读各不相同，这些都是朱耷遗民的身世和身份所导致的。"墨点无多泪点多"，朱耷用他的诗笔和画笔，倾诉着对明王朝的眷恋，哀怨着自己心酸的身世。他的才华，他的梦想，也只有寄托故国的老干枯枝，旧日山河，如其题《山水册》之诗。

---

① 谢时符先生墓志铭。黄宗羲. 黄宗羲全集：第十册 ［M］. 杭州：浙江古籍出版社，1993：422.

题山水册

郭家皴法云头小，

董老麻皮树上多。

想见时人解图画，

一峰还与宋山河。①

朱耷的山水画，不仅师承宋代的郭熙、元代的黄公望、明代的董其昌等人，还能够推陈出新，自成一家。诗中的郭家、董老、一峰等，指的就是郭熙等人。朱耷一直在书写关于旧山河的梦想，从十九岁的翩翩少年到垂垂老朽，一直没有停止过。

朱耷在二十三岁出家为僧，所以佛学的感悟和禅宗的智慧在朱耷诗中多有体现。

自题诗

生在曹洞临济有，

穿过临济曹洞有。

洞曹临济两俱非，

羸羸然若丧家之狗。

还认得此人么？

罗汉道：底？②

在诗中，可见朱耷是兼习曹洞宗和临济宗两个宗派的。曹洞宗和临济

①　汪子豆.八大山人诗钞［M］.南昌：江西人民出版社，1986.

②　汪子豆.八大山人诗钞［M］.南昌：江西人民出版社，1986.

宗是禅宗两个最重要的门派，禅宗作为中国佛教八大宗派之一，有着悠久的历史与传承，中国禅宗的初祖是菩提达摩禅师，根据《景德传灯录》卷三"达摩"条记载："菩提达摩禅师，南天竺国香至王第三子也，姓刹帝利，本名菩提多罗。后遇二十七祖般若多罗，至本国受王供养，知师密迹，因试令与二兄辨所施宝珠，发明心要。既而尊者谓曰：'汝于诸法已得通量。夫达摩者通大之义也，宜名达摩。'因改号为菩提达摩。"

菩提达摩因感中土佛教的衰微，故于南朝梁普通八年丁未岁（527）九月二十一日抵达南海，登陆中国。当时正是崇信佛教的皇帝梁武帝在位，他接见了菩提达摩，但两个人在讨论佛法时产生了很大的分歧，达摩没有办法，就到少林寺的一个山洞里闭关。清顾嗣立《面壁石》诗云："一石独亭亭，中藏初祖形。千年神气在，何用著丹青。"写的就是达摩在山洞面壁九年习禅的故事。

中国禅宗的第二代祖师是慧可，也叫神光。慧可在没有出家前是位将军，杀了许多人。《景德传灯录》卷三记载了慧可拜达摩为师修习佛法的经过：（光）闻达摩大士，住止少林，至人不遥，当造玄境。乃往彼，晨夕参承，师常端坐面墙，莫闻诲励，光自惟曰："昔人求道，敲骨取髓，刺血济饥，布发掩泥，投崖饲虎，古尚若此，我又何人。"其年十二月九日夜，天大雨雪，光坚立不动，迟明积雪过膝。师悯而问曰："汝久立雪中，当求何事？"光悲泪曰："唯愿和尚慈悲，开甘露门，广度群品。"师曰："诸佛无上妙道，旷劫精勤，难行能行，非忍而忍，岂以小德小智、轻心慢心，欲冀真乘，徒劳勤苦。"光闻师诲励，潜取利刀，自断左臂，置于师前，师知是法器，乃曰："诸佛最初求道，为法忘形，汝今断臂吾前，求亦可在。"师遂与易名曰"慧可"。光曰："诸佛法印，可得闻乎？"师曰："诸佛法印，匪从人得。"光曰："我心未宁，乞师与安。"师曰："将心来与汝安。"曰："觅心了不可得。"师曰："我与汝安心竟。"

慧可之后，禅宗一脉单传直到六祖慧能大师，禅宗方由单传变为普传，再经过马祖创丛林，百丈建清规，禅宗在中国遂发扬光大，发展到了后来的五宗七派之形势。

临济宗和曹洞宗是五宗七派里影响力最大的两个派别。临济宗始于义玄（？—867年），义玄主张"以心印心，心心不异"，上承曹溪六祖慧能，又吸收南岳怀让、马祖道一、百丈怀海、黄檗希运的禅法，以机锋凌厉、棒喝峻烈的禅风闻名于世。现存《临济录》《祖堂集》卷十九、《景德传灯录》卷十二等都对其有记载。临济宗的用功方法有"三玄三要""四料简"等。"三玄三要"中，三玄是指第一"句中玄"，"但看棚头弄傀偏，抽牵全藉里头人"；第二"意中玄"，"妙解岂容无著问，沤和争负截流机！"第三"体中玄"，"三要印开朱点窄，未容拟议主宾分"。每一玄里又包含三要——初要、中要、上要。"四料简"中料是材料，简是选择。"四料简"有宾主，有方法，以"棒""喝"见称，其施教方式偏重于行动上的开导，较为活泼生动。据《人天眼目》卷一记载，"四料简"共有四种方法来帮助学人：其一，"夺人不夺境"；其二，"夺境不夺人"；其三，"人境俱夺"；其四，"人境俱不夺"。

由于良价禅师在江西省宜春市宜丰县的洞山创宗，其弟子曹山本寂在江西省抚州市宜黄县曹山的曹山寺传禅，故后世称为曹洞宗。曹洞宗提倡"五位说"，以"回互"著称，施教方式是"行解相应"。"回互"的思想，是指理存在于一切事物之中，一切事物具有各自的理。一切事物又在本体理的基础上既有统一又有区别，因此互相涉入融会。这就是"回互"。回互的实质便是统一。同时，一切事物又暂住于自己的位次而不杂乱，处于相对稳定状态，这就是"不回互"，不回互中有对立的因素。"回互"与"不回互"的关系，类似于今天我们所说的矛盾的对立统一。

朱耷因为怀念故国而出家，在临济宗和曹洞宗里，都有他习禅悟道的身影。在《自题诗》里，朱耷描述他先后学习禅门曹洞、临济之后，领悟了两宗的要旨，即禅门"见佛杀佛，见魔杀魔"所向披靡的禅风，先肯定，后否定，最后把自己戏称为丧家之狗，末向人们发问，谁还真正认得八大的庐山真面目耶？全诗写得妙趣横生，充满了禅宗的机锋和转语。

在禅宗修学多年，朱耷对禅门的公案是耳熟能详的，故其诗多引禅宗典故以抒怀，且看《猫石图》一诗。

猫石图

水牯南泉于到尔，

猫儿身毒为何人？

乌云盖雪一般重，

云去雪消三十春。①

《猫石图》和南泉与赵州有关。《景德传灯录》卷八记载了禅宗南泉斩猫的故事：南泉因东西两堂争猫儿，泉来堂内，提起猫儿，云："道得即不斩，道不得即斩却。"大众下语，皆不契泉意，当时即斩却猫儿。至晚间，师从外归来，问讯次，泉乃举前话了，云："你作么生救得猫儿？"师遂将一只鞋戴在头上出去。泉云："子若在，救得猫儿。"此公案看似简单，实则寓意深长，历代对此公案的争辩非常激烈。日本禅学者铃木大拙在评论此公案时说："可怜的猫为什么惨遭不幸呢？斩猫不是无宗教、无慈悲的行为吗？四大皆空的僧侣争一只猫干什么？赵州把鞋顶在头上不是发傻吗？此外，绝对否定与绝对肯定真是相互对立的吗？不，赵州和尚的行为都是十分认真、十分严肃的，只是不了解其中的奥妙，才会有上述疑问。禅不是一种教化，禅要把一切羁绊彻底抛却。"

---

① 汪子豆.八大山人诗钞［M］.南昌：江西人民出版社，1986.

朱耷对此公案用了十四个字来概括："乌云盖雪一般重，云去雪消三十春。"意思是说普通人的妄想执着犹如乌云盖雪般，都是很重的，如何斩却烦恼之根，当有南泉斩猫时的勇气和决心吧！而真正能够理解南泉的，也只有赵州和尚了！

《题双西瓜图》一诗中，朱耷引用了宗门另外一个非常有名的典故，即"一口吸尽西江水"的公案。

题双西瓜图

无一无分别，

无二无二号。

吸尽西江来，

他能为汝道。①

该公案的主角，是唐代著名的大居士庞蕴。据禅宗著名的典籍《五灯会元·庞蕴居士》记载，庞蕴在年轻时就喜欢佛法，四处参学，"初谒石头，乃问，'不与万法为侣者是什么人？'头以手掩其口，豁然有省悟"。以"手掩其口"是石头禅师常用的截断式接引弟子的方法。庞居士究竟省悟了什么，案无下文。不过显然他并未大彻大悟，所以他后来又去参访马祖，依然问同样的问题："不与万法为侣者是什么人？"马祖回答得很干脆："待汝一口吸尽西江水，即向汝道。"庞蕴听完之后，"言下顿领玄旨"。

难道庞蕴真的能够一口吸尽西江水吗？庞蕴从马祖这句话里究竟悟到了什么，历来禅宗学人对此争议不断，后人颂此公案的诗也非常多。我们来读读这些诗，也许就能有所了悟了。五祖演的诗："一口吸尽西江水，洛阳牡丹吐新蕊。簸土扬尘无处寻，抬眸撞着自家底。"宝峰照禅师的诗：

---

① 汪子豆．八大山人诗钞［M］．南昌：江西人民出版社，1986.

"一口吸尽西江水，鹧鸪啼在深花里。自有知音笑点头，由来不入聋人耳。"白杨顺禅师的诗："一口吸尽西江水，涓滴不留洪浪起。驹儿自是不寻常，嘶风弄影斜阳里。"大禅明禅师的诗："一口吸尽西江水，碓觜生花犹未已。叶叶枝枝垂雨露，须弥藏在针锋里。"普济禅师的诗："待汝一口吸尽西江水，万丈深潭穷到底。掠约不是赵州桥，明月清风安可比。"

这些诗都在说禅宗的义理，佛法所说的主体论，本是要超越主观和客观的对立，才有言说和思维，就已经落到下乘了。因为言说和思维是含有对立性的，一有对立则一切的分别就都产生了。那么又该如何是好？按禅宗的说法，只有回到"一口吸尽西江水"的"言语道断，心行处灭"的本体上去，才可以证到"不与万法为侣"的大人境界。朱耷显然是深谙此理的，故他在《题双西瓜图》一诗中说："无一无分别，无二无二号。"两个西瓜，本来就都是西瓜。

到了晚年，朱耷的禅诗禅语更多了，在他去世的前一年，即甲申年（1704），朱耷在崇义县聂都乡罗汉洞内石壁上题了一首脍炙人口的诗。

题崇义县聂都乡罗汉洞内壁诗

> 甲申冬，
>
> 佛蜡之辰游仙踪。
>
> 空即色，
>
> 色即空，
>
> 天瞻云澹□□同。
>
> 浮生如春梦，
>
> 转迅即成空。
>
> 有人识得真空相，
>
> 便是长生不老翁。①

　　其中"天瞻云澹□□同"一句，"云澹"二字后缺少两个字，"处处"或"一般"较为合适。佛蜡之辰，是说七月十五夏满日之早晨。佛蜡日，亦称佛腊日。腊者，岁末之义，佛家以一夏九旬安居之竟为岁末，故称此日为佛之腊日。《僧史略》下记载："所言腊者，经律中以七月十六日是比丘五分法身生来之岁岁，则七月十五日是腊除也。比丘出俗，不以俗生为计，乃数夏腊耳。经律又谓十五日显佛腊日也。"

　　"空即色，色即空"一句，出自佛教著名的经典《般若波罗蜜多心经》。据载，朱耷一生曾书写《般若波罗蜜多心经》数十部，可见他对这部典籍的重视与热爱。《般若波罗蜜多心经》的译本有很多，较为优秀和广泛使用的有三种：鸠摩罗什译本、玄奘法师译本、宋施护译本。此外，《般若波罗蜜多心经》还有多种藏文译本。《般若波罗蜜多心经》中的"色不异空，空不异色，色即是空，空即是色，受想行识，亦复如是"一

---

① 汪子豆. 八大山人诗钞［M］. 南昌：江西人民出版社，1986.

句非常出名，几乎每个佛学爱好者都听说过。其中的"色"是世间存在的物质方面的总称。《俱舍论》卷一："变故名为色。"《百法明门论疏》："质名色。""受想行识"则属于人的精神领域。无论是人的精神方面还是物质方面，《心经》认为这些本身都是因缘而生法，都有无常变化的特点。这里的"空"是说受想行识等没有实体性，并非一无所有之义。

既然浮生如梦，万事万物转瞬即空，那么，有没有长生不老的方法呢？朱耷在诗中给出了答案："有人识得真空相，便是长生不老翁。"另外一部佛教经典《法华经·药王品》曰："众人有病，得闻是经（指《法华经》），病即消失，不老不死。"佛所说的长生不老显然指的并不是人的肉体的不坏，而是指真空妙有、不生不灭的妙明真心。

从早年的家国破碎而至"泪比墨多"，到中年、晚年寄情禅门而演绎佛法，朱耷的诗既有杜鹃啼血的声声无奈，又有佛门不染一尘、空灵寂静的禅味。我们可以通过朱耷的画与书法，进一步理解"八大山人"这似"哭"非"笑"的艺术人生！

二、朱耷的画

朱耷诗、书、画的"三绝"艺术，超越了数百年来的群师，其中尤以水墨写意画的境界最为突出。如果说唐代吴道子的线描人物画，以其至高的成就而被奉为"画圣"的话，那么朱耷的水墨写意荷花、野鸭、游鱼、八哥、怪石等画作的艺术境界之高，当被喻为"画仙"才合理。

中国写意画的境界，至徐渭时已臻博大雄浑的艺术境地，而朱耷以其坚实的书画根基和超世之才，又将这种书画语言合一的水墨写意画发展到了登峰造极的境界！他的画不拘前人的一切成法，以独具宗法的奇险用笔、精中又精的圣手经营、绝乎常态的奇异造型、变通有度的款式字样等，将自己的绘画艺术修炼得旷世绝伦、宛若神造！他绘就了《荷花翠鸟图》《湖石双鸟图》《河上花图》等优秀作品。

图 2.24 朱耷 荷花翠鸟图①　图 2.25 朱耷 湖石双鸟图②

———————

① 藏于上海博物馆。
② 藏于上海博物馆。

图 2.26　朱耷　河上花图①

---

①　藏于天津艺术博物馆。

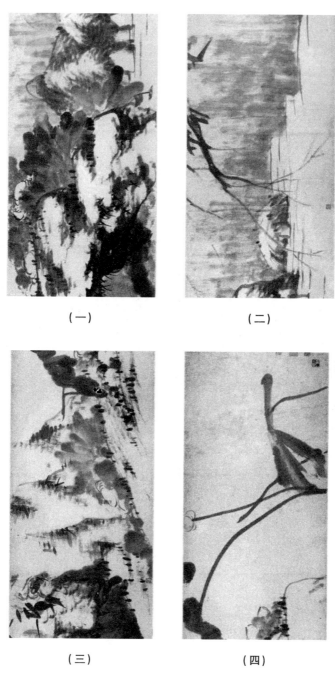

（一） （二）

（三） （四）

图 2.27 朱耷 河上花图局部（一）（二）（三）（四）

　　朱耷的《花鸟山水册》《安晚册》等册页式作品，则更能集中地反映他的小品画技巧及"小中见大"的精妙绝伦的绘画能力。

图 2.28　朱耷　花鸟山水册①

————————

① 藏于上海博物馆。

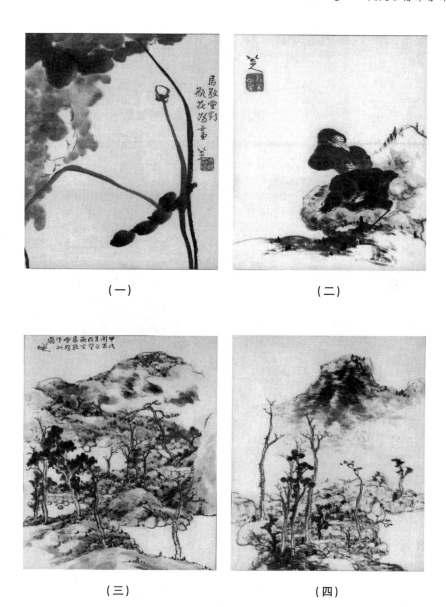

（一）　　　　　　　　　　（二）

（三）　　　　　　　　　　（四）

图 2.29　朱耷　花鸟山水册局部（一）（二）（三）（四）

图 2.30 安晚册①

　　任何艺术作品的创作源泉都是生活与大自然，所不同的是，八大山人能将生活与自然中常见的题材，经营到比生活和自然更高、更美的境界。这往往很难做到，而八大山人不但做到了，而且超越了古今。《鱼鸭图卷》，以卓绝的神来之笔将这些生活中极其常见的鱼、鸭、石等物，写意得宛若鬼神之造。

————————

① 藏于日本泉屋博物馆。

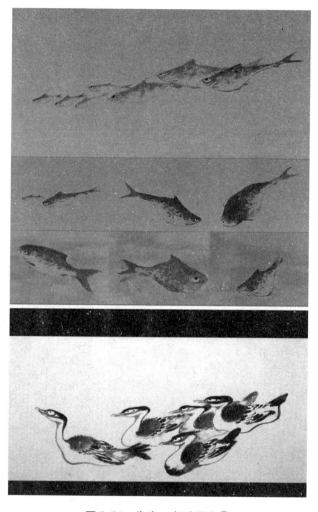

图 2.31 朱耷 鱼鸭图卷①

　　朱耷以池湖水中的群鱼群鸭和单鱼孤鸭为题材，将鱼描绘成瞪着怒眼的形态，来表达和形容自己对当世统治者的愤怒和惊斥。又将鸭描绘成伤感的形态，来形容和排遣自己对世态炎凉的难过与悲伤。鱼和鸭的游动姿势充满了生动神气，个个鲜活，同时也体现出多姿多变的灵动之美。每条

---

　　① 藏于上海博物馆。

鱼的不同游姿与形态皆活灵活现，表现得独特且传神，每只鸭的前呼后应与独自伤眠都妙趣横生，呈现出各自的神采与绝妙，真的是生动可爱极了，将人的身心都融化到了鲜美无比的世界中去！

朱耷在六十岁以后用"八大山人"落款于每幅书画作品之上。他将"八大山人"以似"哭"非"笑"的独到笔法结体设计成了一个个性签名，每每题写都恰到之处，并点缀了画面，使整个画面都增添了神秘与独特的别致之美。八大山人的荷花画得最为优秀，尤其是荷花的每条茎秆，皆以变转的龙蛇之笔一气呵成，令同业者们难以企及。

图 2.32　八大山人　荷花鸭石图①　　图 2.33　八大山人　荷花奇石图②　　图 2.34　八大山人　荷花双鸟图③

---

① 私人收藏。
② 藏于北京故宫博物院。
③ 藏于台北故宫博物院。

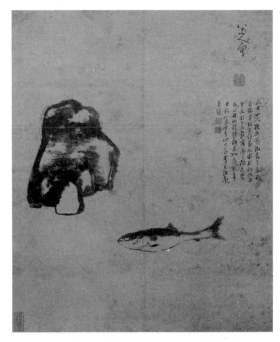 

图 2.35　八大山人　鱼石图①　　　图 2.36　八大山人　荷花双鸭图②

　　八大山人的山水画都是画一些残山剩水与老树枯枝，在国破家亡的心境中，似乎又在嘲讽江山破损与凋零不堪的炎凉世界。

①　藏于上海博物馆。
②　藏"台北故宫博物院"。

图 2.37　八大山人　秋山图轴①　　　　图 2.38　八大山人　秋山亭子图②

三、朱耷的书法

八大山人朱耷的书法造诣非同一般。在童年就能悬写小楷的基础上，他终身致力于行书和行草的研究与践行。从他以个性书体临写的《兰亭序》中，可以看出他的行书书法是承之有度与创之有法的。他中后期的行草是在行书的层面上糅合唐草，从而形成了独具特色的"八大体"圆笔行草书法品格。

书法有"写方容易写圆难"的说法，而八大山人的书法正是以写圆而与众不同，他的中锋圆笔线条将他的个性书体体现得超于凡境，美得令人心旷神怡。而他中晚期的行草更是将他的这种个人书风推向了艺术的顶峰！

---

①　藏于上海博物馆。
②　藏于上海博物馆。

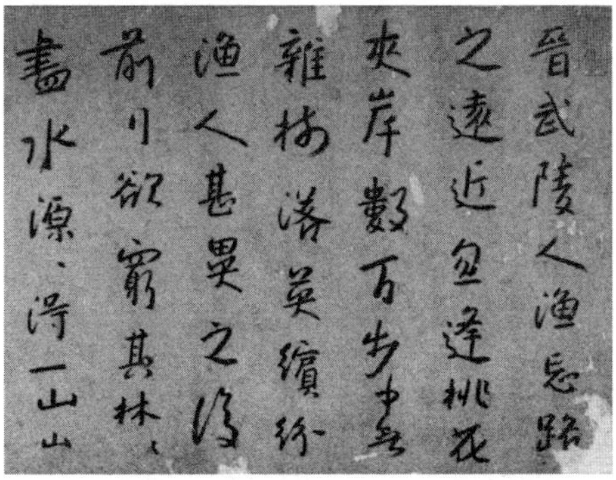

（一）

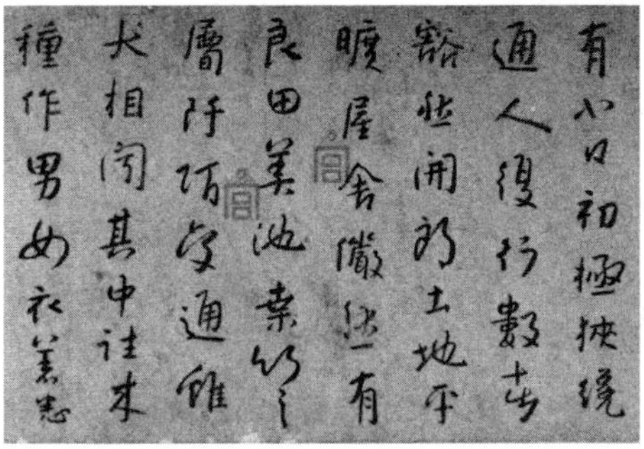

（二）

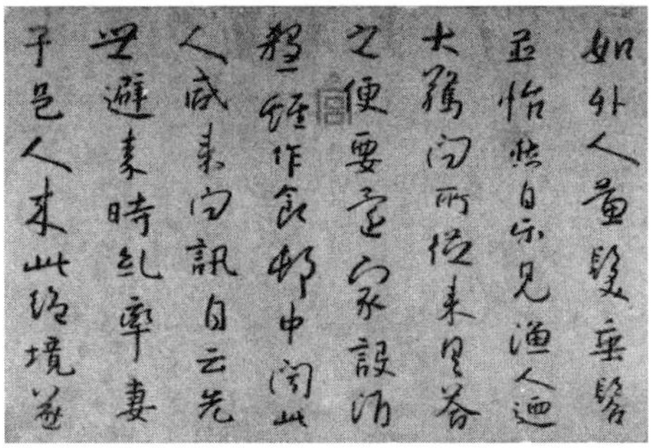

（三）

图 2.39 朱耷 桃花源记局部（一）（二）（三）

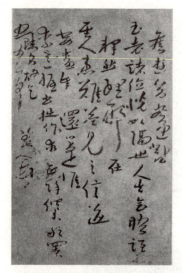

图2.40 八大山人
行草书之一①

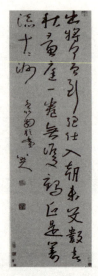

图2.41 八大山人
行草之二②

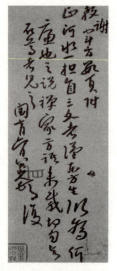

图2.42 八大山人
行草书之三③

图2.43 八大山人
行草书之四④

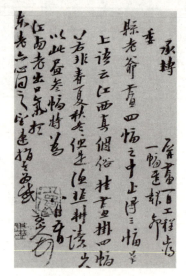

图2.44 八大山人
行草书之五⑤

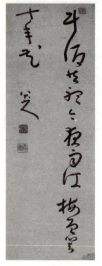

图2.45 八大山人　行
草书之六

① 藏于台北故宫博物院。
② 藏于北京故宫博物院。
③ 藏于上海博物馆。
④ 私人收藏。
⑤ 藏于南京博物院。

八大山人的杰出书法成就是建立在他坚实的书法基础上的，从他早年的工整书体中，可以看出他在基础楷书方面所下的功夫。

图 2.46 八大山人 行楷书法①

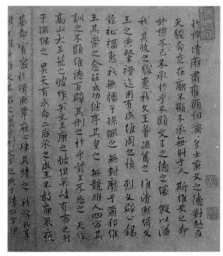

图 2.47 八大山人 行楷书法②

八大山人世寿八十一岁，在他那个时代应算是位长寿之星了。在一生压抑与愤懑的艺术创造之路上，他以不拘世礼而谨严于艺的精神创作了大量的优秀绘画、书法和诗文作品。他的绘画成就之突出，至今都无人能企及，而其中的许多艺术思想皆与善导的影响有一定关系。

---

① 藏于台北故宫博物院。
② 藏于台北故宫博物院。

卷二　佚失古籍本疏研究

第三章　《观经四帖疏》研究

第一节　《观经四帖疏》简介

在日本，保存有大量善导的著述文献，现依据日本大谷大学 1926 年发行的汉书分类目录中的第二门净土宗部分①，以及 1967 年发行的汉书分类目录中的第二门净土宗部分②，依时间顺序罗列如下：

1. 镰仓时期（1192—1333），《往生礼赞偈》，零本粘叶，1 册；

2. 宽永十九年（1642），《念佛镜》，京都高家新彫印，2 册；

3. 明历二年（1656），《观念法门》一卷，汉刊，1 册；

4. 延宝二年（1674），《念佛镜》一卷，道镜、善导（共集），汉刊，共 2 册；

5. 元禄七年（1694），《法事赞》二卷，善导，汉刊，2 册；

6. 元禄七年（1694），《观念法门》一卷，善导，汉刊，1 册；

① 大谷大学图书馆. 大谷大学图书馆和汉书分类目录［M］. 京都：内外出版株式会社印刷部，1926.

② 大谷大学图书馆. 大谷大学图书馆和汉书分类目录［M］. 京都：内外出版株式会社印刷部，1967.

7. 元禄七年（1694），《往生礼赞》一卷，善导，汉刊，1 册；

8. 元禄七年（1694），《般舟赞》一卷，善导，汉刊，1 册。

善导的五部九卷作品中，最出名的一部就是《观经四帖疏》，即《观无量寿佛经疏》。该著作是善导对净土宗经典《观无量寿佛经》所做的注释，因全疏分为四部分，故通称《观经四帖疏》《四帖疏》，也称为《观经御疏》《观经要义》等。根据其内容，又可称为楷定疏、证诚疏、证定疏。①

第一部分《玄义分》先作七门料简：1. 标序题；2. 解释经名；3. 辩释宗旨和教化；4. 正显说人差别；5. 料简定善和散善通别有异；6. 和会经论相违，广答释疑；7. 料简韦提闻佛正说，得益分齐。第二部分《序义分》解释观经序文，共有五门：1. 序分；2. 正宗分；3. 得益分；4. 流通分；5. 阿难为耆阇大众传说。第三部分《定善义》解释十六观中前十三种观法：1. 日观；2. 水观；3. 地观；4. 宝树观；5. 宝池观；6. 宝楼观；7. 华座观；8. 像观；9. 真身观；10. 观音观；11. 势至观；12. 善观；13. 杂想观。第四部分《散善义》明三福九品定散两门之正宗分：1. 明三福为净土正因；2. 明九品为净土正行。

《观经四帖疏》约在 8 世纪中叶传入日本，镰仓时期的僧人源空据此创立了日本净土宗，善导的《观经四帖疏》遂成为日本净土宗的根本圣典。净土宗内为其所作注疏者甚多，著名的有净土宗良忠的《观经四帖疏传道记》十五卷，证空的《观经四帖疏他笔钞》十卷，智圆的《观经四帖疏私聚钞》十六卷，显意的《观经四帖疏楷定记》三十六卷、《观经四帖疏疑端》四卷，南楚的《观经四帖疏重笠钞》十二卷，圆慈的《观经四帖疏西山康永钞》三卷，了音的《观经四帖疏六角钞》八卷，立信的《观经四帖疏深草钞》十卷，贞準的《观经四帖疏新记》十六卷等；净土

---

① 林克智．实用净土宗词典［M］．北京：宗教文化出版社，2007：208.

真宗的义教有《观经四帖疏讲录》十四卷，慧然的《观经四帖疏显彰记》十一卷，严藏的《观经四帖疏证定诀》十卷，自牟的《观经四帖疏证定钞》二十六卷，僧朗的《观经四帖疏记》十卷，普行的《观经四帖疏私记》七卷，了空的《观经四帖疏郢匠记》十六卷，僧睿的《观经四帖疏义疏》四卷，月筌的《观经四帖疏会解》二十二卷，深励的《观经四帖疏讲义》二十卷等①。

原书宋代以后即在中国失传，清光绪年间佛教居士杨文会通过日本学者南条文雄获取了大量日本遗存的中国佛教典籍，《观经四帖疏》即在其中。净土宗第十三代祖师印光法师在"《观经疏》阅三遍"之后，给予其高度评价："善导《疏》不用谛观其深意，但直释经文，裨中下根人，易于趣入。及其趣入，不言谛观，而谛观自然了了矣。可谓契理契机，善说法要。弥陀化身，殆非虚传。莲宗二祖，万代景仰。"② 但此时的《观经四帖疏》传世版本已有多处错讹，印光法师在日本藏本的基础上详加校订、略加注释，进行了多处正讹。

第二节　《观经四帖疏》的版本对比

《观经四帖疏》的主要版本有《大正新修大藏经》本和《净土藏》本，其中《大正新修大藏经》为原始版本，采用日本大藏经 SAT（Taisho Daizokyo Text-Database）电子网站中的影印资料。《观无量寿佛经疏》在《大正新修大藏经》中属第 37 册经疏部，以下每句之后标注（0245c29）即为原书第 245 页第 3 栏第 29 句，有跨页者，以首字编码为准。《净土

---

① 参见高振农所编中国大百科宗教卷。
② 释印光. 印光法师文钞［M］. 张育英，校注. 北京：宗教文化出版社，1999：1204.

藏》选取净土宗第十三代祖师印光法师在其基础上略加注释的版本，采用弘化社 2012 年的《善导大师全集》简体本。现将两者对比情况列举如下。

一、各同义汉字的通用情况

（一）"备"与"被"的混用情况共出现 7 处，示例如下。

1.《大正藏》版本为"请愿遥加备。"（0245c29）

《净土藏》曰："请愿遥加被（'加被'指诸佛如来以慈悲心加护众生。又作加备、加祐、加威、加佛。加被之力，称为加被力或加威力；被其力而说法者，称加说。加被有显加与冥加二种。显加为可以眼见者，如佛菩萨加被说法者，使其身、口、意三业能如法演说；冥加，又称冥护、冥祐，为肉眼不可见者，惟冥冥中知有佛菩萨之加护）。"（P8）

2.《大正藏》中为："三檀等备，四摄齐收，开示长劫之苦因，悟入永生之乐果。不谓群迷性隔乐欲不同。"（0246a24—0246a26）

《净土藏》曰："三檀等被，四摄齐收。开示长劫之苦因，令证永生之乐果。只为群迷性隔，乐欲不同。"（P8）

3.《大正藏》中为："今既教备不虚。"（0247b05）

《净土藏》曰："今既教被不虚。"（P12）

4.《大正藏》中为："不蒙加备。"（0261a24）

《净土藏》曰："不蒙加被。"（P65）

5.《大正藏》中为："何论别指而不等备。"（0266a24）

《净土藏》曰："何论别指而不等被。"（P88）

6.《大正藏》中为："正明身光远备照益有缘。"（0269a01）

《净土藏》曰："正明身光远被照益有缘。"（P103）

7.《大正藏》中为："然佛说教备机，时亦不同。"（0271c07）

《净土藏》曰："然佛说教被机，大有不同。"（P115）

其中《大正藏》中均使用"备"字,《净土藏》版本中由印光法师校勘时使用"被"。

(二)"辨"与"辩"的混用情况共10处,示例如下。

1.《大正藏》中为:"第三、依文释义并辨宗旨不同,教之大小。"(0246a13)

《净土藏》曰:"第三、辩释宗旨不同,教之大小。"(P8)

2.《大正藏》中为:"斯乃过现诸佛辨立三身。"(0250b25)

《净土藏》曰:"斯乃过现诸佛辩立三身。"(P23)

3.《大正藏》中为:"二从此菩萨身量大小已下,次辨观相。(0268c22)

《净土藏》曰:"二从此菩萨身量大小已下,次辩观相。"(P102)

4.《大正藏》中为:"二者辨定其位。"(0270c02)

《净土藏》曰:"二者辩定其位。"(P111)

5.《大正藏》中为:"二明辨其定位。"(0270c19)

《净土藏》曰:"二明辩其定位。"(P112)

6.《大正藏》中为:"正明辨定三心以为正因。"(0270c24)

《净土藏》曰:"正明辩定三心以为正因。"(P112)

7.《大正藏》中为:"二者正明辨其定位。"(0275a17)

《净土藏》曰:"二者正明辩其定位。"(P129)

8.《大正藏》中为:"四者正明辨定三心以为正因。"(0275a18)

《净土藏》曰:"四者正明辩定三心以为正因。"(P129)

9.《大正藏》中为:"正明辨其定位。"(0275a28)

《净土藏》曰:"正明辩其定位。"(P129)

10.《大正藏》中为:"总举行名,辨定其位。"(0275c05)

《净土藏》曰:"总举行名,辩其定位。"(P131)

其中《大正藏》版本中均为"辨"字,《净土藏》版本则为"辩"字

（"辨"意为根据不同事物的特点，在认识上加以区别；"辩"意思是用语言来说明见解或主张。"辨"与"辩"为通假字）。

（三）"众"与"总"的混用情况共6处，示例如下。

1.《大正藏》中为："业果法然众无错失。"（0525a13）

《净土藏》曰："业果法然，总无错失。"（P29）

2.《大正藏》中为："众不问菩萨人天等。"（0271b20）

《净土藏》曰："总不问菩萨人天等。"（P115）

3.《大正藏》中为："众不违佛教也。"（0271c27）

《净土藏》曰："总不违佛教也。"（P116）

4.《大正藏》中为："众名疏杂之行也。"（0272b12）

《净土藏》曰："总名疏杂之行也。"（P118）

5.《大正藏》中为："众不畏堕于水火之难。"（0273a07）"我等众无恶心相向。"（0273a11）

《净土藏》曰："总不畏堕于水火之难。"（P120）"我等总无恶心相向。"（P120）

6.《大正藏》中为："我等众无恶心相向。"（0273a11）

《净土藏》曰："我等总无恶心相向。"（P120）

其中《大正藏》版本中为"众"字，《净土藏》版本中为："总"字（有关"众""总"之辨，"众"意为众多，可以引申为一切、种种等意思；"总"也是通通之意，两者意思基本完全一样）。

（四）"人"与"仁"的混用情况共2处，示例如下。

1.《大正藏》中为："安乐能人。"（0246b06）

《净土藏》曰："安乐能仁。"（P9）

2.《大正藏》中为："人者且学四念处，不须学身通也。"（0253c25）

《净土藏》曰："仁者且学四念处，不须学神通也。"（P36）

其中《大正藏》版本中为："人"，《净土藏》版本为："仁"。

（五）"干"和"于"的混用情况共2处，示例如下。

1.《大正藏》中为："不于圣也。"（0248c27）

《净土藏》曰："不干圣也。"（P18）

2.《大正藏》中为："不于大小圣也。"（0249c09）

《净土藏》曰："不干大小圣也。"（P20）

其中《大正藏》版本均为"于"，《净土藏》版本为"干"。

（六）"由"和"犹"的混用情况共有5处，示例如下。

1.《大正藏》中为："一切经首皆有此等声闻以为犹置。"（0252c08）

《净土藏》曰："一切经首皆有此等声闻以为由致。"（P31）

2.《大正藏》中为："由如毒箭入心。"（0254b13）

《净土藏》曰："犹如毒箭入心。"（P38）

3.《大正藏》中为："恶习等由在。"（0255b01）

《净土藏》曰："恶习等犹在。"（P41）

4.《大正藏》中为："此心深信由若金刚。"（0272b19）

《净土藏》曰："此心深信犹若金刚。"（P118）

5.《大正藏》中为："由有教法可寻。"（0273a27）

《净土藏》曰："犹有教法可寻。"（P120）

除第一处外，《大正藏》版本均为"由"，《净土藏》版本均为"犹"。

（七）"身"与"神"的混用情况共有3处，示例如下。

1.《大正藏》中为："即向舍利弗所求学身通。"（0253c25）

《净土藏》曰："即向舍利弗所求学神通（'神通'即于心念通达，能于己念不着不动又分明了知，并能以己心观照他众心念而不染）。"（P36）

2.《大正藏》中为："一心专注即得身通。"（0254a17）

《净土藏》曰："一心专注即得神通。"（P37）

3.《大正藏》中为："一明弥陀身通无碍。"（0269c28）

《净土藏》曰："一明弥陀神通无碍。"（P107）

其中《大正藏》中为："身"，《净土藏》中均为"神"。

（八）"糗"与"麨"的混用情况共有 5 处，示例如下。

1.《大正藏》中为："五从尔时大王食糗下。"（0254c26）

《净土藏》曰："五从尔时大王食麨（'麨'为炒的米粉或面粉，一种干粮）下。"（P39）

2.《大正藏》中为："即刮取身上酥糗。"（0254c28）

《净土藏》曰："即刮取身上酥麨。"（P39）

3.《大正藏》中为："食糗既竟。"（0254c29）

《净土藏》曰："食麨既竟。"（P40）

4.《大正藏》中为："夫人奉食身上涂糗。"（0255c18）

《净土藏》曰；"夫人奉食身上涂麨。"（P43）

5.《大正藏》中为："若不密持糗食。"（0255c22）

《净土藏》曰："若不密持麨食。"（P44）

其中《大正藏》中为："糗"，《净土藏》中所依据原经文为"麨"。

（九）"大"与"太"的混用情况共 3 处，示例如下。

1.《大正藏》中为："四从国大夫人下"。（0254c10）

《净土藏》曰："四从国太夫人下。"（P39）

2.《大正藏》中为："言国大夫人者此明最大也。"（0254c11）

《净土藏》曰："言国太者，此名最大也。"（P39）

3.《大正藏》中为："白言大王国大夫人已下。"（0255c15）

《净土藏》曰："言白言大王国太夫人已下。"（P43）

依据原经文内容应为"太夫人"。

（十）"勉"与"免"的混用情况共 3 处，示例如下。

1. 《大正藏》中为："何能勉斯长叹。"（0258a14）

《净土藏》曰："何能免斯长叹。"（P58）

2. 《大正藏》中为："业系之牢何由得勉。"（0266a05）

《净土藏》曰："业系之牢何由得免。"（P88）

3. 《大正藏》中为："一种不勉死者。"（0273a03）

《净土藏》曰："一种不免死者。"（P119）

（十一）"授"和"受"的混用情况共 3 处，示例如下。

1. 《大正藏》中为："次第授记。"（0274a21）

《净土藏》曰："次第受记。"（P124）

2. 《大正藏》中为："至现前授记已来。"（0274c03）

《净土藏》曰："至现前受记已来。"（P126）

3. 《大正藏》中为："五明——佛边现蒙授记。"（0274c05）

《净土藏》曰："五明——佛边现蒙受记。"（P126）

（十二）"迳"与"经"的混用情况共 5 处，示例如下。

1. 《大正藏》中为："生在宝池迳宿如开也。"（0274b22）

《净土藏》曰："生在宝池经宿始开也。"（P126）

2. 《大正藏》中为："五明迳时七日即得无生。"（0274b28）

《净土藏》曰："五明经时七日即得无生。"（P126）

3. 《大正藏》中为："此间迳于七日者。"（0274c01）

《净土藏》曰："此间经于七日也。"（P126）

4. 《大正藏》中为："华合迳于多劫。"（0277b04）

《净土藏》曰："华合经于多劫。"（P140）

（十三）"覩"和"睹"的混用情况共9处，示例如下。

1.《大正藏》中为："又覩按剑而去。"（0256c07）

《净土藏》曰："又睹按剑而去。"（P47）

2.《大正藏》中为："新往者覩之。"（0263a13）

《净土藏》曰："新往者睹之。"（P72）

3.《大正藏》中为："彼国人天莫不覩见。"（0264c14）

《净土藏》曰："彼国人天莫不睹见。"（P81）

4.《大正藏》中为："垢障凡夫何能具覩。"（0266a09）

《净土藏》曰："垢障凡夫何能具睹。"（P88）

5.《大正藏》中为："今乃正覩弥陀。"（0266a14）

《净土藏》曰："今乃正睹弥陀。"（P88）

6.《大正藏》中为："得覩弥陀。"（0266a17）

《净土藏》曰："得睹弥陀"。（P88）

7.《大正藏》中为："即得覩触此光。"（0269a05）

《净土藏》曰："即得睹触此光。"（P103）

8.《大正藏》中为："五从侍女已下。正明覩斯胜相。"（0277c13）

《净土藏》曰："五从五百侍女已下。正明睹斯胜相。"（P142）

9.《大正藏》中为："有识覩者西归。"（0278c22）

《净土藏》曰："有识睹者西归。"（P146）

"覩"意同"睹"。"睹"意为看到。

二、增字（句）情况

（一）《净土藏》版本中在每段解经之前，附有原经文，相比《大正藏》来说是增加的部分。

（二）依据经义理解的不同，或是语句顺畅的需要，《净土藏》版本中的增字情况共44处，示例如下。

1.《大正藏》中为："频婆者彰其名也。"（0254c05）

《净土藏》曰："频婆娑罗者彰其名也。"（P39）

增"娑罗"二字。

2.《大正藏》中为："言时二大臣说此语已下。"（0256b28）

《净土藏》曰："言时二大臣说此语竟者。"（P46）

增"竟者"二字。

3.《大正藏》中为："言释梵护世者。"（0257b15）

《净土藏》曰："言释梵护世等者。"（P50）

增"等"字。

4.《大正藏》中为："言教我观于清净已下。"（0258a26）

《净土藏》曰："言教我观于清净业处者。"（P53）

增"业处者"。

5.《大正藏》中为："故云我今乐生安乐国也。"（0258b14）

《净土藏》曰："故下云我今乐生极乐世界也。"（P54）

增"下"字。

6.《大正藏》中为："一者孝养父母。"（0259a24）

《净土藏》曰："一者下。"（P57）

增"下"字。

7.《大正藏》中为："故云发菩提心。"（0260a15）

《净土藏》曰："故云发菩提心也。"（P61）

增"也"字。

8.《大正藏》中为："一明世间苦乐因果。"（0260a15）

《净土藏》曰："谓深信世间出世间苦乐因果。"（P61）

增"谓深信世间出"五字。

9.《大正藏》中为："乃身口意业所造十恶五逆四重谤法阐提等罪。"（0262a11）

《净土藏》曰："乃至今生身口意业所造十恶五逆四重谤法阐提等罪。"（P69）

增"至今生"三字。

10.《大正藏》中为："三从为下总结。"（0263c18）

《净土藏》曰："三从是为已下总结。"（P76）

增"是"字。

增"已"字。

11.《大正藏》中为："虽得往生含华未出。"（0264a13）

《净土藏》曰："杂疑则虽得往生，含华未出。"（P77）

增"杂疑则"三字。

12.《大正藏》中为："二言观宝树者。重牒观名也。言一一观之已下。生后观相。正教仪则。"（0264a24）

《净土藏》曰："二言观宝树者下，至作七重行树想已来，重牒观名，生后观相，正教仪则也。"（P79）

增"下"字。

增"至作七重行树想已来"一句。

增"也"字。

13.《大正藏》中为："三从一一下至由旬已来。"（0264b07）

《净土藏》曰："三从一一树下至由旬已来。"（P79）

增"树"字。

14.《大正藏》中为："界位是无漏无生之界。"（0264b14）

《净土藏》曰："彼界乃是无漏无生之界。"（P79）

增"乃"字。

15.《大正藏》中为："十从是为下总结。"（0264c24）

《净土藏》曰："十从是为已下总结。"（P81）

增"已"字。

16.《大正藏》中为："七从是为下总结。"（0265b18）

《净土藏》曰："七从是为已下总结。"（P84）

增"已"字。

17.《大正藏》中为："三言有五百亿者。"（0265b25）

《净土藏》曰："三从有五百亿宝楼者。"（P85）

增"宝楼"二字。

18.《大正藏》中为："八从是为下总结。"（0265c06）

《净土藏》曰："八从是为已下总结。"（P85）

增"已"字。

19.《大正藏》中为："即难得定。"（0266b11）

《净土藏》曰："境多即难得定。"（P89）

增"境多"二字。

20.《大正藏》中为："言诸佛正遍知者。"（0267b01）

《净土藏》曰："言诸佛正遍知海下。"（P93）

增"海下"二字。

21.《大正藏》中为："十二从是为下总结。"（0267c15）

《净土藏》曰："十二从是为已下总结。"（P95）

增"已"字。

22.《大正藏》中为："十一从是为下总结。"（0268c11）

《净土藏》曰："十一从是为已下总结。"（P101）

增"已"字。

23.《大正藏》中为："一从次观大势至已下。"（0268c21）

《净土藏》曰："一从次观大势至菩萨者。"（P102）

增"菩萨者"三字。

24.《大正藏》中为："苦则地前望地上为苦。"（0269b06）

《净土藏》曰："则是地前望地上为苦。"（P104）

增"是"字。

25.《大正藏》中为："十三从此观成已下。"（0269b17）

《净土藏》曰："十三从此观成已已下。"（P105）

增"已"字。

26.《大正藏》中为："四从见此事已下。"（0269c03）

《净土藏》曰："四从见此事已已下。"（P106）

增"已"字。

27.《大正藏》中为："斯乃群生注念愿见西方依正二严。"（0269c07）

《净土藏》曰："斯乃群生注念愿见西方。故彼依正二严。"（P106）

增"故彼"二字。

28.《大正藏》中为："得益之功更甚。"（0269c26）

《净土藏》曰："得益之功不更甚乎。"（P107）

增"不""乎"二字。语气更加强烈。

29.《大正藏》中为："十一从是为下总结。"（0270a14）

《净土藏》曰："十一从是为已下总结。"（P108）

增"已"字。

30.《大正藏》中为："一一说言释迦所说，相赞劝发一切凡夫。"
（0271a01）

《净土藏》曰："一一说言释迦所说西方净土，指赞劝发一切凡夫。"
（P116）

增"西方净土"四字。

31.《大正藏》中为："即十方诸佛悉皆同赞同劝同证。"（0272a13）

《净土藏》曰："即时十方诸佛悉皆同赞同劝同证。"（P117）

增"时"字。

32.《大正藏》中为："若赞叹供养即一心专赞叹供养。"（0272b05）

《净土藏》曰："若赞叹供养即一心专赞叹供养彼佛。"（P117）

增"彼佛"二字。

33.《大正藏》中为："必须决定真实心中回向愿作得生想。"（0272b18）

《净土藏》曰："必须决定真实心中回向发愿作得生想。"（P118）

增"发"字。

34.《大正藏》中为："随出一门者即出一烦恼门也。随入一门者即入一解脱智慧门也。"（0272c06）

《净土藏》曰："随出一门者即出一切烦恼门也。随入一门者即入一切解脱智慧门也。"（P118—119）

增两个"切"字（"一切"表述更为自然）。

35.《大正藏》中为："即是最后身十地之菩萨。"（0273c18）

《净土藏》曰："即是念兜率天上住最后身一生补处菩萨功德。"（P122）

增"念兜率天上住"六字。

36.《大正藏》中为："此等难行之行已过。"（0273c18）

《净土藏》曰："此等难行菩萨之行已过。"（P122）

增"菩萨"二字。

37.《大正藏》中为："然我等凡夫。"（0273c23）

《净土藏》曰："然我尚是凡夫。"（P122）

增"尚是"二字。

38.《大正藏》中为："五明逗时七日即得无生。言七日者，恐此间七日。"（0274b28）

《净土藏》曰："五明经时七日即得无生（'无生'二字应作不退）。言七日者，乃此间七日。"（P126）

增订注释"无生二字应作不退"。

39.《大正藏》中为："汝今出家。"（0275b16）

《净土藏》曰："今既出家。"（P130）

增"既"字。

40.《大正藏》中为："得闻妙法。"（0276a17）

《净土藏》曰："得闻妙法，证于初果。"（P134）

增补"证于初果"四字。

41.《大正藏》中为："初言说是语者。"（0277c07）

《净土藏》曰："初从说是语时者。"（P142）

增"从""时"二字。

42.《大正藏》中为："五从侍女已下。"（0277c13）

《净土藏》曰："五从五百侍女已下。"（P142）

增"五百"二字。

43.《大正藏》中为："言分陀利者，名人中好华，亦名希有华，亦名人中上上华，亦名人中妙好华。此华相传名蔡华。是若念佛者，即是人中好人，人中妙好人，人中上上人，人中希有人，人中最胜人也。"（0278a14）

《净土藏》曰："梵言分陀利，此云好华，亦名妙好华，亦名希有华，亦名上上华，亦名最胜华。此华相传白莲华。是若念佛者，即是人中好人，人中妙好人，人中希有人，人中上上人，人中最胜人也。"（P144）

增加"梵"字。

增加"此云好华"四字。

44.《大正藏》中为:"菩提眷属。"(0278c23)

《净土藏》曰:"为菩提眷属。"(P146)

增"为"字。

(三)文中多处引用原经文进行逐句释义,但在《大正藏》版本中有顺序混淆的讹误,印光法师为更清楚明确地进行解答,对每段的分割,顺序的排列等方面进行了重新编排,在句首加"言"字使句意更为通畅,并标注为第几重释义等情况。此种增字情况共9处,示例如下。

1.《大正藏》中为:"如是观法。"(0252a18)

《净土藏》曰:"言如是观法。"(P29)

增"言"字。

2.《大正藏》中为:"白言大王国大夫人已下。"(0255c15)

《净土藏》曰:"言白言大王国太夫人已下。"(P43)

增"言"字。

3.《大正藏》中为:"奉事师长者。"(0259c13)

《净土藏》曰:"二言奉事师长者。"(P59)

增"二言"二字。

4.《大正藏》中为:"言慈心不杀者。"(0259c16)

《净土藏》曰:"三言慈心不杀者。"(P59)

增"三"字。

5.《大正藏》中为:"言修十善业者。"(0259c19)

《净土藏》曰:"四言修十善业者。"(P59)

增"四"字。

6.《大正藏》中为:"言具足众戒者。"(0259c26)

《净土藏》曰:"二言具足众戒者。"(P60)

增"二"字。

7.《大正藏》中为："言不犯威仪者。"（0260a01）

《净土藏》曰："三言不犯威仪者。"（P60）

增"三"字。

8.《大正藏》中为："言诵读大乘者。"（0260a18）

《净土藏》曰："三言诵读大乘者。"（P61）

增"三"字。

9.《大正藏》中为："言劝进行者。"（0260a21）

《净土藏》曰："四言劝进行者。"（P61）

增"四"字。

三、删字（句）情况

《大正藏》中的《观经四帖疏》较为晦涩，由于时间久远，流传不便，使得部分语句有着常识及逻辑错误，对于人们理解经义也造成了障碍，由此印光法师着手进行了一系列删定工作。为了保证语句衔接流畅，印光法师对于原《大正藏》中部分语气词也进行了一定删改。此种情况共25处，示例如下。

1.《大正藏》中为："三者天仙说。"（0247a24）

《净土藏》曰："三者仙说。"（P12）

删除"三者"之后的"天"字。

2.《大正藏》中为："佛告韦提，汝及众生欲观彼佛者当起想念者。"（0249c04）

《净土藏》曰："佛告韦提，欲观彼佛者，当起想念者。"（P20）

删除"汝及众生"四字。

3.《大正藏》中为："十如九品之中——说言为诸众生者。"（0249c06）

《净土藏》曰："十如九品之中，——说为众生者。"（P20）

删除"言"字与"诸"字。

4.《大正藏》中为："即应执持名号。"（0250a04）

《净土藏》曰："执持名号。"（P21）

删除"即应"二字。

5.《大正藏》中为："又言如是者即指法定散两门也。"（0252a02）

《净土藏》曰："又言如即指法定散两门也。"（P29）

删除"是者"二字。

6.《大正藏》中为："又言如是者。"（0252a05）

《净土藏》曰："又言如者。"（P29）

删除"是"字。

7.《大正藏》中为："言国大夫人者此明最大也。"（0254c11）

《净土藏》曰："言国太者，此明最大也。"（P39）

删除"夫人"二字。

8.《大正藏》中为："不得脂粉涂身。不得歌舞唱伎及往观听。不得上高广大床。"（0255a26）

《净土藏》曰："不脂粉涂身。不歌舞唱妓及往观听。不坐高广大床。"（P41）

删除三句中的"得"字。

9.《大正藏》中为："不得过中食。"（0255a27）

《净土藏》曰："不过中食。"（P41）

删除"得"字。

10.《大正藏》中为："言时二大臣说此语已下。"（0256b28）

《净土藏》曰："言时二大臣说此语竟者。"（P46）

删除"已下"二字。

11. 《大正藏》中为："言见佛世尊者。"（0257b09）

《净土藏》曰："言见世尊者。"（P50）

删除"佛"字。

12. 《大正藏》中为："言教我观于清净已下。"（0258a26）

《净土藏》曰："言教我观于清净业处者。"（P53）

删除"已下"二字。

13. 《大正藏》中为："如来即放眉间光照十方国。"（0258b01）

《净土藏》曰："即放眉间光照十方国。"（P53）

删除"如来"二字。

14. 《大正藏》中为："一者孝养父母。"（0259a24）

《净土藏》曰："一者下。"（P57）

删除"孝养父母"四字。

15. 《大正藏》中为："四言深信因果者即有其二。一明世间苦乐因果。"（0260a15）

《净土藏》曰："二言深信因果者，谓深信世间出世间苦乐因果。"（P61）

删除"即有其二"和"一明"。

16. 《大正藏》中为："或一忏得除黄白等障。或一忏但除白障。"（0262a16）

《净土藏》曰："或一忏得除黄障。或再忏并除白障。"（P69）

删除"白等"二字。

17. 《大正藏》中为："二言观宝树者。重牒观名也。言一一观之已下。生后观相。正教仪则。"（0264a24）

《净土藏》曰："二言观宝树者下，至作七重行树想已来，重牒观名，

生后观相，正教仪则也。"（P79）

　　删除"言——观已下"一句。

　　18.《大正藏》中为："言说是语时者。正明就此意中即有其七。"（0265c25）

　　《净土藏》曰："就此意中即有其七。"（P87）

　　删除"言说是语时者"和"正明"。

　　19.《大正藏》中为："言诸佛正遍知者。"（0267b01）

　　《净土藏》曰："言诸佛正遍知海下。"（P93）

　　删除"者"字。

　　20.《大正藏》中为："一从次观大势至已下。"（0268c21）

　　《净土藏》曰："一从次观大势至菩萨者。"（P102）

　　删除"已下"二字。

　　21.《大正藏》中为："苦则地前望地上为苦。"（0269b06）

　　《净土藏》曰："则是地前望地上为苦。"

　　删除句首"苦"字。

　　22.《大正藏》中为："然我等凡夫。"（0273c23）

　　《净土藏》曰："然我尚是凡夫。"（P122）

　　删除"等"字。

　　23.《大正藏》中为："汝今出家。"（0275b16）

　　《净土藏》曰："今既出家。"（P130）

　　删除"汝"字。

　　24.《大正藏》中为："初言说是语者。"（0277c07）

　　《净土藏》曰："初从说是语时者。"（P142）

　　删除"言"字。

25.《大正藏》中为："言分陀利者。"（0278a14）

《净土藏》曰："梵言分陀利。"（P144）

删除"者"字。

四、字句校正

（一）印光法师对《大正藏》版的《观经四帖疏》进行校正的重点集中在字词上，多在不触及原义的基础上进行斧正，或是根据上下文的一贯使用习惯进行对照修改，使得语句更为顺畅，对照更为完整，通俗易懂的表达更符合当时的阅读习惯。这种与经义无关的校正共42处，列举如下。

1.《大正藏》中为："第三、依文释义并辨宗旨不同，教之大小。"（0246a13）

《净土藏》曰："第三、辩释宗旨不同，教之大小。"（P8）

"依文释义并辨"校为"辩释"（简化语句，语言更为凝练，且与后文形成对照）。

2.《大正藏》中为："悟入永生之乐果。"（0246a26）

《净土藏》曰："令证永生之乐果。"（P8）

"悟入"校为"令证"。

3.《大正藏》中为："不谓群迷性隔乐欲不同。"（0246a26）

《净土藏》曰："只为群迷性隔，乐欲不同。"（P8）

"不谓"校为"只为"。

4.《大正藏》中为："虽可教益多门。"（0246b03）

《净土藏》曰："虽曰教启多门。"（P9）

"可"校为"曰"。

"益"校为"启"。

5. 《大正藏》中为："即观音圣众等已下是也。"（0247a04）

《净土藏》曰："即观音势至等已下是也。"（P11）

"圣众"校为"势至"。

6. 《大正藏》中为："得成匹丈，有其丈用。"（0247a08）

《净土藏》曰："得其匹丈，有其布用。"（P11）

"丈"校为"布"。

7. 《大正藏》中为："一明能请者。"（0247a28）

《净土藏》曰："一明能请者"。（P12）

"初言"校为"能请"。

8. 《大正藏》中为："斯乃朽林硕石。"（0247b07）

《净土藏》曰："斯乃朽木顽石。"（P12）

"朽林硕石"校为"朽木顽石"。

9. 《大正藏》中为："又向来解者。"（0247c05）

《净土藏》曰："又上来解者。"（P13）

"向"校为"上"。

10. 《大正藏》中为："以此善根（'善根'又称'善本'、'德本'，是产生诸善法德根本。功者福利之功能，此功能为善行之德，故曰德。又，德者得也，修功有所得，故曰'功德'。根据上文，上品中生是初地至四地菩萨，《观无量寿佛经》中认为这类不必受持大乘经经典，可读可不读，而是要善解其意。只要深信因果，不谤大乘，就能回愿往生。印光法师认为'深信因果，不谤大乘'是'功德'而非'善根'）回愿往生。"（0248b24）

《净土藏》曰："以此功德回愿往生。"（P16）

"善根"校为"功德"。

11. 《大正藏》中为："地狱猛火。"（0249a19）

《净土藏》曰："地狱众火。"（P18）

"猛"校为"众"。

12. 《大正藏》中为："我今因佛力故见彼国土。"（0249b21）

《净土藏》曰："我今以佛力故，见彼国土。"（P20）

"因"校为"以"。

13. 《大正藏》中为："为未来世一切众生欲脱苦者。"（0249b27）

《净土藏》曰："为未来世一切大众欲脱苦者。"（P20）

"众生"校为"大众"。

14. 《大正藏》中为："未来众生云何得见者。"（0249b29）

《净土藏》曰："未来众生云何观者。"（P20）

"得见"校为"观"。

15. 《大正藏》中为："廓然（'廓然'指大悟之境地，与豁然意思相近）大悟得无生忍。"（0251b16）

《净土藏》曰："豁然大悟逮（逮，意为及，达到）无生忍。"（P27）

"廓"校为"豁"。

"得"校为"逮"。

16. 《大正藏》中为："优楼频嬴伽叶。"（0252c08）

《净土藏》曰："优楼频螺伽叶。"（P32）

《大正藏》中注释曰："嬴与螺同。"

17. 《大正藏》中为："修还六道。"（0252c28）

《净土藏》曰："循环六道。"（P32）

《大正藏》中注释曰："修与循同。"

18. 《大正藏》中为："一头孔中盛蒲桃浆。"（0254c19）

《净土藏》曰："一头孔中盛蒲萄浆。"（P39）

"桃"校为"萄"。

19. 《大正藏》中为："不得上高广大床。"（0255a26）

《净土藏》曰："不坐高广大床。"（P41）

"得上"校为"坐"。

20. 《大正藏》中为："即致宫门。"（0255c04）

《净土藏》曰："即至宫门。"（P43）

"致"校为"至"。

21. 《大正藏》中为："又白言大王者。"（0256a29）

《净土藏》曰："言白言大王者。"（P45）

"又"校为"言"。

22. 《大正藏》中为："此明非意所贪夺父坐处也。"（0256b07）

《净土藏》曰："此明非义所贪夺父坐处也。"（P45）

"意"校为"义"。

23. 《大正藏》中为："自身无由得到佛边。"（0257a11）

《净土藏》曰："自身无由得至佛边。"（P48）

"到"校为"至"。

24. 《大正藏》中为："言佛从耆山没者。此明夫人宫内禁约极难。"（0257b05）

《净土藏》曰："言佛从耆山没下。此明夫人宫内禁约极严。"（P49）

"者"校为"下"。

"难"校为"严"。

25. 《大正藏》中为："言地狱等已下。"（0258a05）

《净土藏》曰："言地狱等者。"（P52）

"已下"校为"者"。

26.《大正藏》中为："言愿我未来已下。"（0258a10）

《净土藏》曰："言愿我未来者。"（P53）

"已下"校为"者"。

27.《大藏经》中为："即能消此食也。"（0259c07）

《净土藏》曰："即能消此饭也。"（P59）

"食"校为"饭"。

28.《大正藏》中为："未审彼地亦同此水也。"（0262b26）

《净土藏》曰："未审彼地亦同此水耶。"（P71）

"也"校为"耶"。

29.《大正藏》中为："六从此诸宝林下。"（0264c01）

《净土藏》曰："六从此诸宝树下。"（P80）

"宝林"校为"宝树"。

30.《大正藏》中为："至婉转叶间已来。"（0264c04）

《净土藏》曰："至宛转叶间已来。"（P80）

"婉转"校为"宛转"。

31.《大正藏》中为："婉转叶间。"（0264c08）

《净土藏》曰："宛转叶间。"（P81）

"婉转"校为"宛转"。

32.《大正藏》中为："初言众宝国土者。"（0265b21）

《净土藏》曰："初从众宝国土者。"（P84）

"言"校为"从"。

33.《大正藏》中为："二言一一界上者。"（0265b24）

《净土藏》曰："二从一一界上者。"（P84）

"言"校为"从"。

34.《大正藏》中为："三言有五百亿者。"（0265b25）

《净土藏》曰："三从有五百亿宝楼者。"（P85）

"言"校为"从"。

35.《大正藏》中为："正明功呈不失观益得成。"（0268a24）

《净土藏》曰："正明功程不失观益得成。"（P98）

"呈"校为"程"。

36.《大正藏》中为："十二从作此观已下。"（0268b09）

《净土藏》曰："十二从作是观已下。"（P98）

"此"校为"是"。

37.《大正藏》中为："六明临空侧塞皆坐宝华。"（0269a27）

《净土藏》曰："六明临空叟（'叟'音同'侧'，'叟塞'与'侧塞'表意相同，指充盈、塞满①）塞皆坐宝华。"（P104）

"侧"校为"叟"。

38.《大正藏》中为："一从见此事时已下。"（0269b23）

《净土藏》曰："一从见此事时者。"（P105）

"已下"校为"者"。

39.《大正藏》中为："语诚实言。"（0272a23）

《净土藏》曰："说诚实言。"（P117）

"语"校为"说"。

40.《大正藏》中为："十从生彼国已下。"（0274a17）

《净土藏》曰："九从生彼国已者。"（P124）

"十"校为"九"。

"下"校为"者"。

---

① 张小艳．敦煌佛经疑难字词辑释［J］．中国训诂学报，2013（1）．

41.《大正藏》中为："一从上品中生者已下。"（0274a25）

《净土藏》曰："一从上品中生者者。"（P125）

"已下"校为"者"。

42.《大正藏》中为："食受之心浮散。"（0276b22）

《净土藏》曰："餐受之心浮散。"（P136）

"食"校为"餐"。

（二）对经义的不同理解是各个版本经疏的关键，也是印光法师校正的重要内容，或是因为经义阐释的需要，或是为阅读理解便捷，或是原文中讹误明显，印光法师对此类情况都进行了详细的校正，此种情况共 123处，列举如下。

1.《大正藏》中为："故使大悲隐于西化。"（0246a22）

《净土藏》曰："故使大悲隐然施化（'隐然施化'意为释迦牟尼佛原来在兜率内院做护明菩萨的时候，观照到众生本具佛性却不能彰显）。"（P8）

"隐于西化"校为"隐然施化"。

2.《大正藏》中为："取悟之者难明。"（0246b03）

《净土藏》曰："取悟之者难期。"（P9）

"明"校为"期"。

3.《大正藏》中为："一心回愿往生净土为体。"（0247a19）

《净土藏》曰："一心回愿往生净土为趣。"（P11）

"体"校为"趣"。

4.《大正藏》中为："三者天仙说。四者鬼神说。五者变化说。"（0247a24）

《净土藏》曰："三者仙说。四者诸天说。五者化人说。"（P12）

"鬼神"校为"诸天"。

"变化"校为"化人"。

5.《大正藏》中为:"现在虽造罪业。"(0248a29)

《净土藏》曰:"现在不造罪业。"(P15)

"虽"校为"不"。

6.《大正藏》中为:"或信不信,故名为亦。"(0248c03)

《净土藏》曰:"同上深信,故名为亦。"(P17)

"或信不信"校为"同上深信"("亦"意为"也",在对待因果的态度上,上中者是深信不疑的,并以此作为回愿往生的功德,上下者既然"亦信因果",应该是与其持相同的态度才能称为"亦")。

7.《大正藏》中为:"岂将念佛一行即望成者。"(0249c13)

《净土藏》曰:"若将念佛一行即望成者。"(P20)

"岂"校为"若"。

8.《大正藏》中为:"所以一愿之心未入。"(0250b05)

《净土藏》曰:"岂以一愿之心即入。"(P22)

"所"校为"岂"。

"未"校为"即"。

9.《大正藏》中为:"取信之者怀疑。"(0250b09)

《净土藏》曰:"致信之者怀疑。"(P23)

"取"校为"致"。

10.《大正藏》中为:"欲使闻之者方能遣惑。"(0250b10)

《净土藏》曰:"欲使闻之者决能遣惑。"(P23)

"方"校为"决"。

11.《大正藏》中为:"一一愿言。"(0250b14)

《净土藏》曰:"有一愿言。"(P23)

"一一"校为"有一"。

12.《大正藏》中为："证曰。"（0251b27）

《净土藏》曰："评曰。"（P27）

"证"校为"评"。

13.《大正藏》中为："一切经首皆有此等声闻以为犹置。"（0252c08）

《净土藏》曰："一切经首皆有此等声闻以为由致。"（P31）

"犹置"校为"由致"。

14.《大正藏》中为："于无量世界化成等觉。"（0252a12）

《净土藏》曰："于无量世界现成等觉。"（P33）

"化"校为"现"。

15.《大正藏》中为："然王意者，贵存得戒。"（0255a15）

《净土藏》曰："然王意者，贵在得戒。"（P40）

"存"校为"在"。

16.《大正藏》中为："致使目连①数来受戒。"（0255b13）

《净土藏》曰："致使目连数来授戒。"（P41）

"受"校为"授"。

17.《大正藏》中为："但以万基之主。"（0255c09）

《净土藏》曰："但以万几（'万几'通'万机'，指帝王日常处理的种种政务）之主。"（P43）

"基"校为"几"。

18.《大正藏》中为："父王既是天性情亲。"（0255c10）

《净土藏》曰："父王既是天性至亲。"（P43）

"情"校为"至"。

19.《大正藏》中为："不其门家尽以觉之。"（0255c24）

《净土藏》曰："不期门家尽以觉之。"（P44）

---

① 目连为授八戒予王之人。

"其"校为"期"。

20.《大正藏》中为："忽见阇王起于勃逆。"（0256a20）

《净土藏》曰："忽见阇王起于悖逆。"（P45）

"勃"校为"悖"。

21.《大正藏》中为："今既谏事不轻。"（0256b04）

《净土藏》曰："今既谏言不轻。"（P45）

"事"校为"言"。

22.《大正藏》中为："我之性望耻惭无地。"（0256b20）

《净土藏》曰："我之姓望耻惭无地。"（P46）

"性"校为"姓"。

23.《大正藏》中为："此乃性怀匈恶不闲仁义。"（0256b21）

《净土藏》曰："此乃性怀凶恶不闲仁义。"（P46）

"匈"校为"凶"。

24.《大正藏》中为："押临万基之主。"（0256b22）

《净土藏》曰："押临万畿（'万畿'即'万几'）之主。"（P46）

"基"校为"畿"。

25.《大正藏》中为："二者王虽在国损我宗亲。不如远摈他方。"（0256b26）

《净土藏》曰："二者我若在国损我宗亲。不如远避他方。"（P46）

"王虽在国"校为"我若在国"。

"摈"校为"避"。

26.《大正藏》中为："言以手按剑者，臣自按手中剑也。"（0256c01）

《净土藏》曰："言以手按剑者，臣自按腰间剑也。"（P46）

"手中"校为"腰间"。

27.《大正藏》中为："愧前所造即向二臣求哀乞命。"（0256c18）

《净土藏》曰："愧前所造即向二臣求哀乞佑。"（P47）

"命"校为"佑"。

28.《大正藏》中为："此明世王虽受臣谏放母，犹有余瞋。"（0256c21）

《净土藏》曰："此明世王虽受臣谏于母，犹有余瞋。"（P47）

"放"校为"于"。

29.《大正藏》中为："复便阿难传佛之语指授于我。"（0257a26）

《净土藏》曰："复使阿难传佛之语指授于我。"（P49）

"便"校为"使"。

30.《大正藏》中为："自唯罪重。"（0257a29）

《净土藏》曰："自惟罪重。"（P49）

"唯"校为"惟"。此处"惟"作思考之意。

31.《大正藏》中为："是以从坐踊身而立。"（0257c02）

《净土藏》曰："是以从地踊身而立。"（P51）

"坐"校为"地"。

32.《大正藏》中为："无有安心之地此闻佛说净土无生。"（0257c28）

《净土藏》曰："无有安心之地比闻佛说净土无生。"（P52）

"此"校为"比"。

33.《大正藏》中为："又明器世间。"（0258a04）

《净土藏》曰："又名器世间①。"（P52）

"明"校为"名"。

34.《大正藏》中为："业能庄识。"（0258a09）

《净土藏》曰："业能引识。"（P53）

---

① 《华严经疏》中载：一器世间世界如器。名器世间，乃是释迦如来所化之境，即三千世界也。

"庄"校为"引"。

35.《大正藏》中为："上于父母起于杀心。"（0258a17）

《净土藏》曰："尚于父母起于杀心。"（P53）

"上"校为"尚"。

36.《大正藏》中为："此明夫人即通请生处。"（0258a23）

《净土藏》曰："此明夫人既通请生处。"（P53）

"即"校为"既"。

37.《大正藏》中为："非凡惑所知。"（0258b18）

《净土藏》曰："非凡情所知。"（P54）

"惑"校为"情"。

38.《大正藏》中为："隐彼为优独显西方为胜。"（0258b19）

《净土藏》曰："隐彼之优独显西方为胜。"（P54）

"为"校成"之"。

39.《大正藏》中为："此明弥陀本国四十八愿。"（0258b20）

《净土藏》曰："此明弥陀本因四十八愿。"（P54）

"国"校为"因"。

40.《大正藏》中为："即是定前方便思想忆念彼国依正二报四种庄严也。"（0258c01）

《净土藏》曰："即是定前方便思想忆念彼国依正二报种种庄严也。"（P55）

"四种"校为"种种"①。

41.《大藏经》中为："亦非是无时佛语也。"（0259a04）

《净土藏》曰："亦非是余时佛语也。"（P56）

---

① 极乐世界共二十九种庄严，天亲之净土论，观察弥陀之净土，明二十九种之庄严。其中净土之依报，即器世间清净，有十七种。净土之正报，即众生世间清净，有十二种。

"无"校为"余"。

42.《大正藏》中为:"佛尚自收恩孝养父母。"(0259c11)

《净土藏》曰:"佛尚自酬恩孝养父母。"(P59)

"收"校为"酬"。

43.《大正藏》中为:"此犹师之善友力也。"(0259c14)

《净土藏》曰:"此犹师之善诱力也。"(P59)

"友"校为"诱"。

44.《大正藏》中为:"或三归戒。或五戒八戒十善戒二百二十戒五百戒沙弥戒。"(0259c27)

《净土藏》曰:"或三归戒,或五戒,八戒,十善戒,沙弥十戒①,二百五十戒②,五百戒③。"(P60)

"二百二十戒五百戒沙弥戒"校为"沙弥十戒,二百五十戒,五百戒"。

45.《大正藏》中为:"尽众生性。"(0260a07)

《净土藏》曰:"尽众生界④。"(P60)

"性"校为"界"。

---

① "沙弥十戒"即沙弥的生活轨范,共有十条守则,名为沙弥十戒,是在五戒的基础上,加了五条与世间的俗欲隔离的规定,从而成为养成出家人人格的训练。

② "二百五十戒"又称"具足戒",即佛制比丘所必须遵守之戒律,共有二百五十条。包含波罗夷四条,僧残十三条,不定二条,舍堕三十条,单堕九十条,提舍尼四条,众学一百条,灭净七条。惟依各部派所传之不同律藏,各部派戒条之数亦略有出入。然大体皆以二百五十条为基本之数。

③ "五百戒"指比丘尼具足戒之大数,其实是三百四十八条戒律,之所以叫五百戒,是因为比丘戒律约二百五十条,其重戒为四,比丘尼重戒为八,因此就以比丘戒之倍数称五百戒。

④ "众生界"乃佛教术语,是"佛界"之对称。十界中,除佛界之外,总称其他九界为众生界,即地狱界、饿鬼界、畜生界、阿修罗界、人界、天界、声闻界、缘觉界、菩萨界。又指众生生存之世界。

46.《大正藏》中为："如似以印印泥印坏文成。"（0260a17）

《净土藏》曰："如似蜡印印泥印坏文成。"（P61）

"以"校为"蜡"。

47.《大正藏》中为："诸佛境内窥心。"（0260c01）

《净土藏》曰："诸佛境内窥寻。"（P63）

"心"校为"寻"。

48.《大正藏》中为："此明若依心所见国土庄严者。"（0260c20）

《净土藏》曰："此名若以先所见国土庄严者。"（P64）

"明"校为"名"。

"依"校为"以"。

49.《大正藏》中为："蠢蠢周恼。"（0261a05）

《净土藏》曰："蠢蠢周惝。"（P63）

"恼"校为"惝"（"恼"意为心乱。"惝"意为彷徨疑惧）。

50.《大正藏》中为："今略指五浊义竟。"（0261a16）

《净土藏》曰："故云浊恶不善也。"（P65）

"今略指五浊义竟"校为"故云浊恶不善也"。

51.《大正藏》中为："以作未闻之益。"（0261b15）

《净土藏》曰："以作未来之益。"（P67）

"闻"校为"来"。

52.《大正藏》中为："明正受。"（0261b25）

《净土藏》曰："得正受。"（P67）

"明"校为"得"。

53.《大正藏》中为："右脚着左髀上与外齐。左足安右髀上与外齐。"
（0261c16）

《净土藏》曰："右脚着左腓上与外齐。左足安右腓上与外齐。"（P68）

"髀"校为"胜"。

54.《大正藏》中为:"深生惭愧内彻心髓。"(0262a12)

《净土藏》曰:"深生惭愧痛彻心髓。"(P69)

"内"校为"痛"。

55.《大正藏》中为:"或一忏但除白障。"(0262a16)

《净土藏》曰:"或再忏并除白障。"(P69)

"一忏但除"校为"再忏并除"。

56.《大正藏》中为:"譬如汤火烧身亦觉即却。岂容徒侍时时处待缘待人方始除也。"(0262a20)

《净土藏》曰:"譬如汤火烧身一觉即却。岂容从侍时时处待缘待人方始除也。"(P69)

"亦"校为"一"。

"徒"校为"从"。

57.《大正藏》中为:"好须摄心令定不得上心贪取。"(0262b05)

《净土藏》曰:"好须摄心令定不得生心贪取。"(P70)

"上"校为"生"。

58.《大正藏》中为:"又细尘及以麁尘投之寂静水中。"(0263a01)

《净土藏》曰:"如细尘及以粗尘投之寂静水中。"(P72)

"又"校为"如"。

"麁"校为"粗"。

59.《大正藏》中为:"致使感报圆明。明净之义即无漏为体也。"(0263a27)

《净土藏》曰:"致使感报圆明清净,即无漏为体也。"(P74)

"明"校为"明清净"。

60. 《大正藏》中为："合掌笼笼喻处胎。"（0263b03）

《净土藏》曰："含华笼笼喻处胎。"（P74）

"合掌"校为"含华"。

61. 《大正藏》中为："菩萨徐徐授宝衣。"（0263b05）

《净土藏》曰："菩萨徐徐授法音。"（P74）

"宝衣"校为"法音"。

62. 《大正藏》中为："六明光变成于宝乐之音。又明地上杂宝一一各出五百色光。"（0263b19）

《净土藏》曰："六明光变成于宝乐之器。此明地上杂宝一一各出五百色光。"（P75）

"音"校为"器"。

"又"校为"此"。

63. 《大正藏》中为："二明风光即出即鼓乐发音。"（0263b29）

《净土藏》曰："二明清风即出即鼓乐发音。"（P75）

"风光"校为"清风"。

64. 《大正藏》中为："三明境既现心。"（0263c11）

《净土藏》曰："三明境既现前。"（P76）

"心"校为"前"。

65. 《大正藏》中为："唯除睡时。"（0263c12）

《净土藏》曰："唯除食时。"（P76）

"睡"校为"食"。

66. 《大正藏》中为："或堕宫胎。"（0264a13）

《净土藏》曰："或堕胎宫。"（P77）

"宫胎"校为"胎宫"。

67. 《大正藏》中为："即灭宿障罪借。"（0264a17）

《净土藏》曰："即灭障罪愆（"愆"意为罪过，过失）。"（P77）

"借"校为"愆"。

68. 《大正藏》中为："界位是无漏无生之界。"（0264b14）

《净土藏》曰："彼界乃是无漏无生之界。"（P79）

"界位"校为"彼界"。

69. 《大正藏》中为："法音而入会。"（0264b23）

《净土藏》曰："法音由人会。"（P79）

"而入"校为"由人"。

70. 《大正藏》中为："一明标果生时自然涌出。"（0264c10）

《净土藏》曰："一明宝果生时自然涌出。"（P81）

"标"校为"宝"。

71. 《大正藏》中为："正明池分异溜。"（0265a21）

《净土藏》曰："正明池分异流。"（P83）

"溜"校为"流"。

72. 《大正藏》中为："二明一一渠岸作黄金色。三明渠下底沙作杂宝色。"（0265a22）

《净土藏》曰："二明一一渠岸体是黄金。三明渠下底沙，皆杂色宝。"（P83）

"作黄金色"校为"体是黄金"。

"作杂宝色"校为"皆杂色宝"。

73. 《大正藏》中为："此宝珠前生八味之水。"（0265b16）

《净土藏》曰："此宝珠前生八德之水。"（P84）

"味"校成"德"。

74. 《大正藏》中为："得蒙稽首。"（0266a13）

《净土藏》曰："得蒙接足。"（P88）

"稽首"校为"接足"。

75. 《大正藏》中为："十二从释迦毗楞伽下至以为交饰已来。"（0266c08）

《净土藏》曰："十二从释迦毗楞伽下至以为校饰已来。"（P90）

"交"校为"校"。

76. 《大正藏》中为："一从佛告阿难下至次当想佛已来。"（0267a02）

《净土藏》曰："一从佛告阿难下至所以者何已来。"（P92）

"次当想佛"校为"所以者何"。

77. 《大正藏》中为："乃至足下千轮之相。"（0267a21）

《净土藏》曰："乃至足下千辐轮相。"（P93）

"千轮之相"校为"千辐轮相"。

78. 《大正藏》中为："又抽心向上想。"（0267b25）

《净土藏》曰："又由心向上想。"（P94）

"抽"校为"由"。

79. 《大正藏》中为："十指千轮。"（0267b26）

《净土藏》曰："十指千辐。"（P94）

"轮"校为"辐"。

80. 《大正藏》中为："从不千轮向上为逆观。"（0267b27）

《净土藏》曰："从下千辐向上为逆观。"（P94）

"不千轮"校为"下千辐"。

81. 《大正藏》中为："三明肉髻与佛赢髻不同。"（0268b19）

《净土藏》曰："三明肉髻与佛肉髻不同。"（P100）

"赢"校为"肉"。

82.《大正藏》中为："宝手停辉随机引接。"（0268c17）

《净土藏》曰："宝手舒辉随机引接。"（P101）

"停"校为"舒"。

83.《大正藏》中为："即常作自往生想。"（0269b25）

《净土藏》曰："即当作自往生想。"（P105）

"常"校为"当"。

84.《大正藏》中为："住心观像静坐彼。"（0270a23）

《净土藏》曰："住心观像静坐荷。"（P108）

"彼"校为"荷"。

85.《大正藏》中为："正明总举有生之类。"（0270c21）

《净土藏》曰："正明总举有缘之类。"（P112）

"生"校为"缘"。

86.《大正藏》中为："如炙头燃者。"（0271a05）

《净土藏》曰"如救头燃者。"（P113）

"炙"校为"救"。

87.《大正藏》中为："皆是真实心中作。"（0271a08）

《净土藏》曰："乃是真是心中作。"（P113）

"皆"校为"乃"。

88.《大正藏》中为："想同一切菩萨制舍诸恶。"（0271a12）

《净土藏》曰："想彼一切菩萨制舍诸恶。"（P113）

"同"校为"彼"。

89.《大正藏》中为："然佛说教备机，时亦不同。"（0271c07）

《净土藏》曰："然佛说教被机，大有不同。"（P115）

"时亦不同"校为"大有不同"。

90.《大正藏》中为："我亦未起一念疑心。"（0271c16）

《净土藏》曰："我亦不起一念疑心。"（P116）

"未"校成"不"。

91.《大正藏》中为："一一说言释迦所说，相赞劝发一切凡夫。"（0271a01）

《净土藏》曰："一一说言释迦所说西方净土，指赞劝发一切凡夫。"（P116）

"相"校为"指"。

92.《大正藏》中为："毕竟不犯不行者即名十善十行随顺六度之义。"（0272a08）

《净土藏》曰："毕竟不犯不行者，即名十善止行随顺六度之义。"（P116）

"十"校为"止"。

93.《大正藏》中为："纵令释迦指劝一切凡夫。"（0272a11）

《净土藏》曰："故使释迦指劝一切凡夫。"（P116）

"纵令"校为"故使"。

94.《大正藏》中为："舍命已彼定生彼国者。"（0272a12）

《净土藏》曰："舍命已后定生彼国者。"（P116）

"彼"校为"后"。

95.《大正藏》中为："即一切佛同证诚其事也。"（0272a27）

《净土藏》曰："即一切佛同证成其事也。"（P117）

"诚"校为"成"。

96.《大正藏》中为："忽然中路见有二河。"（0272c18）

《净土藏》曰："然于中路乃有二河。"（P119）

"忽然"校为"然于"。

"见"校为"乃"。

97.《大正藏》中为："更无人物。"（0272c23）

《净土藏》曰："更无人民。"（P119）

"人物"校为"人民"。

98.《大正藏》中为："恶兽毒虫竞来向我。"（0272c29）

《净土藏》曰："恶兽毒虫竞来相向。"（P119）

"向我"校为"相向"。

99.《大正藏》中为："即喻众生久潘生死。"（0273b03）

《净土藏》曰："即喻众生久沈生死。"（P121）

"潘"校为"沈"。

100.《大正藏》中为："虽有止持二善。"（0273b27）

《净土藏》曰："虽有止行二善。"（P122）

"持"校为"行"。

101.《大正藏》中为："即合上第二福戒分善根也。"（0273c02）

《净土藏》曰："即合上第二福戒行善根也。"（P122）

"分"校为"行"。

102.《大正藏》中为："次第二人唯将读诵大乘为是。"（0273c05）

《净土藏》曰："次第二人唯将读诵大乘为事。"（P122）

"是"校为"事"。

103.《大正藏》中为："此等菩萨，但欲念法不惜身财。"（0273c15）

《净土藏》曰："此等菩萨但欲得法不惜身财。"（P122）

"念"校为"得"。

104.《大正藏》中为："即是最后身十地之菩萨。"（0273c18）

《净土藏》曰："即是念兜天上住最后身一生补处菩萨功德。"（P122）

"十地之菩萨"校为"一生补处菩萨功德"。

105.《大正藏》中为："我身无际已来。"（0273c20）

《净土藏》曰："我身无始已来。"（P122）

"际"校为"始"。

106.《大正藏》中为："指出决定精勤者。"（0274a09）

《净土藏》曰："指出决定精进者。"（P123）

"勤"校为"进"。

107.《大正藏》中为："六明重观音、势至共执金台至行者前。"（0274a12）

《净土藏》曰："六明蒙观音、势至共执金台至行者前。"（P123）

"重"校为"蒙"。

108.《大正藏》中为："即与化佛等同时接手。"（0274a14）

《净土藏》曰："即与化佛等同时授手。"（P123）

"接"校为"授"。

109.《大正藏》中为："三者本国他方，更证闻持二益。"（0274a21）

《净土藏》曰："三者还至本国，更证总持巨益。"（P124）

"本国他方"校为"还至本国"。

"闻持"校为"总持"。

"二益"校为"巨益"。

110.《大正藏》中为："世间果报尚不可得。"（0274b06）

《净土藏》曰："世间福报尚不可得。"（P125）

"果"校为"福"。

111.《大正藏》中为："生在宝池迳宿如开也。"（0274b22）

《净土藏》曰："生在宝池经宿始开也。"（P126）

"如"校为"始"。

112. 《大正藏》中为："言七日者恐此间七日。"（0274b28）

《净土藏》曰："无生二字应作不退。言七日者，乃此间七日。"
（P126）

"恐"校为"乃"。

113. 《大正藏》中为："于一切大乘不得疑谤。"（0274c17）

《净土藏》曰："于一切大乘不起疑谤。"（P127）

"得"校为"起"。

114. 《大正藏》中为："故名发菩提心也。"（0274c21）

《净土藏》曰："故名无上道心也。"（P127）

"发菩提心"校为"无上道心"。

115. 《大正藏》中为："三明到彼闻说四谛。"（0275b25）

《净土藏》曰："三明一得闻说四谛。"（P131）

"到彼"校为"一得"。

116. 《大正藏》中为："一明迳时已后。"（0276a16）

《净土藏》曰："一明七日已后。"（P134）

"迳时"校为"七日"。

117. 《大正藏》中为："始悟罗汉也。"（0276a18）

《净土藏》曰："始成罗汉也。"（P134）

"悟"校为"成"。

118. 《大正藏》中为："故云诸恶心自庄严也。"（0276c25）

《净土藏》曰："故云以诸恶业自庄严也。"（P138）

"诸恶心"校为"以诸恶业"。

119. 《大正藏》中为："因业既非是乐。"（0277a21）

《净土藏》曰："因业既非是善。"（P139）

"乐"校为"善"。

120.《大正藏》中为："历劫周惼。"（0277a27）

《净土藏》曰："历劫周憛。"（P140）

"惼"校为"憛"。

121.《大正藏》中为："三明后发胜心。"（0277b23）

《净土藏》曰："三明复发胜心。"（P141）

"后"校为"复"。

122.《大正藏》中为："悥跃无以自胜也。"（0278a27）

《净土藏》曰："意跃无以自胜也。"（P144）

"悥"校为"意"。

123.《大正藏》中为："量久乃觉。"（0278c04）

《净土藏》曰："良久乃觉。"（P146）

"量"校为"良"。

（三）《观经四帖疏》往往是根据原经文进行逐条释义，有一定的次序关系，而《大正藏》版本的顺序较为混乱，印光法师对此进行了校讹，此种情况共18处，列举如下。

1.《大正藏》中为："请者诸师解者。"（0247c22）

《净土藏》曰："初言诸师解者。"（P14）

"请者"校为"初言"（初，就是第一的意思，与下段"第二即以道理来破者"中的"第二"成次序关系）。

2.《大正藏》中为："二次解化前序者。"（0252b04）

《净土藏》曰："初解化前序者。"（P30）

"二次"校为"初"。

3.《大正藏》中为："二言受持三归者。"（0259c23）

《净土藏》曰："一言受持三归者。"（P60）

"二"校为"一"。

4. 《大正藏》中为："三言发菩提心者。"（0260a04）

《净土藏》曰："一言发菩提心者。"（P60）

"三"校为"一"。

5. 《大正藏》中为："四言深信因果者即有其二。一明世间苦乐因果。"（0260a15）

《净土藏》曰："二言深信因果者，谓深信世间出世间苦乐因果。"（P61）

"四"校为"二"。

6. 《大正藏》中为："即有其五。"（0268b25）

《净土藏》曰："即有其六。"（P100）

"五"校为"六"。

7. 《大正藏》中为："即有其十二。"（0270c18）

《净土藏》曰："即有其十一。"（P112）

"十二"校为"十一"。

8. 《大正藏》中为："三从若有众生下。"（0270c20）

《净土藏》曰："二从若有众生下。"（P112）

"三"校为"二"。

9. 《大正藏》中为："四从何等为三下。"（0270c23）

《净土藏》曰："三从何等为三下。"（P112）

"四"校为"三"。

10. 《大正藏》中为："五从复有三种众生已下。"（0273b14）

《净土藏》曰："四从复有三种众生已下。"（P121）

"五"校为"四"。

11.《大正藏》中为："六从何等为三下。"（0273b15）

《净土藏》曰："五从何等为三下。"（P121）

"六"校为"五"。

12.《大正藏》中为："七从回向发愿已下。"（0273c26）

《净土藏》曰："六从回向发愿已下。"（P123）

"七"校为"六"。

13.《大正藏》中为："八从具此功德已下。"（0273c27）

《净土藏》曰："七从具此功德已下。"（P123）

"八"校为"七"。

14.《大正藏》中为："九从生彼国时下。"（0274a06）

《净土藏》曰："八从生彼国时下。"（P123）

"九"校为"八"。

15.《大正藏》中为："十从生彼国已下。"（0274a17）

《净土藏》曰："九从生彼国已者。"（P124）

"十"校为"九"。

16.《大正藏》中为："十一从见佛色身下。"（0274a18）

《净土藏》曰："十从见佛色身下。"（P124）

"十一"校为"十"。

17.《大正藏》中为："十二从是名已下总结。"（0274a22）

《净土藏》曰："十一从是名已下总结。"（P124）

"十二"校为"十一"。

18.《大正藏》中为："上来虽有十二句不同。"（0274a22）

《净土藏》曰："上来虽有十一句不同。"（P124）

"十二"校为"十一"。

（四）两版《观经四帖疏》所依据的原经文由于年代问题，使《观无量寿佛经》原文有部分出入，导致了《大正藏》与《净土藏》在人名、地名、称呼等名词上出现差异。包括前文中有关字的混用情况，依据原经文进行校正的"糇"与"麨"五处、"大夫人"与"太夫人"三处等。除此之外，还有 19 处，示例如下。

1. 《大正藏》中为："云何当见彼佛国土者。"（0249b23）

《净土藏》曰："云何当见极乐世界者。"（P20）

"彼佛国土"校为"极乐世界"。

2. 《大正藏》中为："我因佛力得见阿弥陀佛及二菩萨。"（0249b29）

《净土藏》曰："我因佛力得见无量寿佛及二菩萨。"（P20）

"阿弥陀"校为"无量寿"。

3. 《大正藏》中为："法藏比丘，在世饶王佛所行菩萨道时。"（0250b14）

《净土藏》曰："法藏比丘，在世自在王佛①所行菩萨道时。"（P23）

"世饶王佛"校为"世自在王佛"。

4. 《大正藏》中为："至云何得见极乐国土已来。"（0252b01）

《净土藏》曰："至云何得见极乐世界已来。"（P30）

"国土"校为"世界"。

5. 《大正藏》中为："六从时大目连下。"（0255b05）

《净土藏》曰："六从时目犍连下。"

"大目连"校为"目犍连"（与原经文保持一致）。

6. 《大正藏》中为："言白佛已下。"（0257c04）

《净土藏》曰："言白言已下。"（P51）

"佛"校为"言"。

---

① 世自在王佛，或称作世间自在王佛、世自在如来、世饶王佛、饶王佛，意为救度世间众生而得自在的佛，是过去佛之一。法藏比丘以五劫思维摄取庄严佛土清净之行，然后在世自在王佛前发四十八宏愿，其中第十八愿十念必生愿为：设我得佛，十方众生，至心信乐，欲生我国，乃至十念，若不生者，不取正觉。唯除五逆，诽谤正法。

7.《大正藏》中为："佛者即是白净王儿。金毗者白饭王儿。提婆者斛饭王儿。释魔男者是甘露饭王儿。"（0527c20）

《净土藏》曰："佛者即是净饭王①儿。金毗者白饭王儿。提婆者斛饭王儿。释摩男者是甘露饭王儿。"（P51）

"白净"校为"净饭"。

"魔"校为"摩"。

8.《大正藏》中为："然愿我未来不闻恶声恶人者。"（0258a15）

《净土藏》曰："言不闻恶声不见恶人者。"（P53）

依据原经文对整句进行校勘。

9.《大正藏》中为："故云我今乐生安乐国也。"（0258b14）

《净土藏》曰："故下云我今乐生极乐世界也。"（P54）

"安乐国"校为"极乐世界"。

10.《大正藏》中为："七从我今乐生弥陀已下。"（0258b19）

《净土藏》曰："七从我今乐生极乐已下。"（P54）

"弥陀"校为"极乐"。

11.《大正藏》中为："黄金为根，紫金为茎，白银为枝。玛瑙为条。珊瑚为叶。白玉为华。真珠为果。"（0264a28）

《净土藏》曰："紫金为本，白银为茎，琉璃为枝，水晶为条，珊瑚为叶，玛瑙为华，砗磲为实。"（P79）

据原经文对《大正藏》中谬误进行校正："黄金"校为"紫金"，"根"校为"本"，"紫金"校为"白银"，"白银"校为"琉璃"，"玛瑙"

---

① 净饭王是古印度迦毗罗卫国的国王，即佛陀的父亲。摩诃男尊者，佛陀叔父斛饭王之长子，故又称拘利太子。摩诃男为其尊称，为佛陀最初所度的五比丘之一。佛陀出家时，其父净饭王于族中挑选五人，随同出家，在外修行。尊者即为其一。佛陀成道后，于鹿野苑初转法轮，彼即为最初闻法得道弟子之一，后并护持佛陀之化导。《增一阿含经》卷三弟子品赞其："速成神通，中不有悔，所为摩诃男比丘是。"

校为"水晶"，"白玉"校为"玛瑙"，"真珠"校为"砗磲"。

12. 《大正藏》中为："三明——池岸七宝合成。正由宝光映彻通照。八德之水一同杂宝之色，故名宝水也。四明是诸众宝性体柔软。"（0265a05）

《净土藏》曰："三明——池水七宝所成。正由宝珠映彻涌出八德之水，其体即是七宝，故名宝水也。四明虽是七宝性体柔软。"（P82）

此两句中讹误颇多，故印光法师据经义进行校订补讹。

13. 《大正藏》中为："十一从观此菩萨者已下。"（0269b15）

《净土藏》曰："十一从除无数劫已下。"（P104）

"观此菩萨"校为"除无数劫"。

14. 《大正藏》中为："六从阿弥陀佛下至丈六八尺已来。"（0269c26）

《净土藏》曰："六从阿弥陀佛下至皆真金色已来。"（P107）

"丈六八尺"校为"皆真金色"。

15. 《大正藏》中为："七从所现之形已下。"（0270a06）

《净土藏》曰："七从圆光化佛已下。"（P107）

"所现之形"校为"圆光化佛"。

16. 《大正藏》中为："至生彼国已来。"（0274a27）

《净土藏》曰："至生极乐国已来。"（P125）

"彼国"校为"极乐国"。

17. 《大正藏》中为："五从生经七日者。"（0276a13）

《净土藏》曰："五从经七日已者。"（P133）

"生经七日"校为"经七日已"。

18. 《大正藏》中为："四从如此愚人下至生死之罪已来。"（0277b11）

《净土藏》曰："四从如此愚人下至极乐世界已来。"（P140）

"生死之罪"校为"极乐世界"。

19.《大正藏》中为："言分陀利者，名人中好华，亦名希有华，亦名人中上上华，亦名人中妙好华。此华相传名蔡华。是若念佛者，即是人中好人，人中妙好人，人中上上人，人中希有人，人中最胜人也。"（0278a14）

《净土藏》曰："梵言分陀利，此云好华，亦名妙好华，亦名希有华，亦名上上华，亦名最胜华。此华相传白莲华。是若念佛者，即是人中好人，人中妙好人，人中希有人，人中上上人，人中最胜人也。"（P144）

此句仍讹误甚多，印光法师删除"者"，增加"梵"字；增加"此云好华"四字；"名人中好华"校为"亦名妙好华"；"上上华"前删除"人中"二字；"人中妙好华"校为"最胜华"；"名蔡华"校为"白莲华"；"人中上上人"和"人中希有人"二句顺序互乙。

（五）顺序有混淆颠倒者，但其实也可归于讹误可进行校勘类，有几处较为明显，笔者摘录如下。

1.《大正藏》中为："如一金钱得成千者。"（0249c27）

《净土藏》曰："如一金得成千钱者。"（P21）

将"钱"与"得成千"互乙。

2.《大正藏》中为："既能不舍本愿来应大悲者。"（0266a01）

《净土藏》曰："既能不舍本愿大悲来应者。"（P87）

将"来应"与"大悲"互乙。

3.《大正藏》中为："纵使地前菩萨罗汉辟支等。"（0271c14）

《净土藏》曰："纵使罗汉辟支地前菩萨等。"（P115）

将"地前菩萨"与"罗汉辟支"互乙。

4.《大正藏》中为："何故闻经十二部。"（0276b20）

《净土藏》曰："何故闻十二部经名。"（P136）

将"经"与"十二部"互乙。

通过上述对比，可见《净土藏》版本要优于《大正藏》版本。

卷三　佚失古籍具疏研究

第四章 《观念法门》研究

第一节 《观念法门》的书名和书题

《观念法门》，全书共一卷，全称为《观念阿弥陀佛相海三昧功德法门》，是为首题；或称《观念阿弥陀佛相海三昧功德法门经》，是为尾题。一直以来日本关于《观念法门》的书名和书题说法都较为统一，基本没有疑问。从古时日本僧人入阿的《观念法门要略记》到近现代的足利宣正的《净土真宗网要》、滨口惠璋的《善导大师鑽仰》，再到2021年三木彰円的《观念法门试解》① 书名书题的撰写都趋于一致。

近代《观念法门》从日本回归中国，既有内部因素又有外部因素。内部因素主要是指像杨仁山先生一样致力于佛教文献保护的人士的努力，据陈继东《清末佛教の研究——杨文会を中心として》② 一书的结论，善导著作能在中国出版，与杨仁山先生有着密不可分的关系。外部因素是指近代以来特别是20世纪以后，日本出版物在中国国内的逐渐传播，如《七

---

① 三木彰円. 观念法门试解［M］. 京都：东本愿寺，2021.
② 陈继东. 清末佛教の研究——杨文会を中心として［M］. 东京：山喜房仏书林，2003.

祖圣教》《卍藏经》《善导和尚集》等都在这一期间有影印书甚至原书流传。《观念法门》传回之后，在国内亦有刊刻。《观念法门》在中国的刻印出版，以杨仁山先生的金陵刻经处为首。又有一名称为《观念弥陀法门》，此名在原有题目之间增加了"弥陀"两个字，此前并未出现。金陵刻经处所刊印的《观念弥陀法门》在书后还印有"观念弥陀法门一卷由愿款支刻流通/民国二十年（1931）冬月，金陵刻经处识"的字样，金陵刻经处于2000年又将此版本重印。因此，《观念弥陀法门》又是一名。

释慧净的《善导大师要义》一书认为《观念法门》书名有三，前两种如上述所列，对第三种是这样阐述的："又五缘功德分之初言《依经明五种增上缘义》一卷。"① 释慧净将这一部分同样列为《观念法门》的别名。关于《依经明五种增上缘义》是否属于《观念法门》一部分的问题，一直以来争议较大，许多学者认为其与《观念法门》一书没有必然的联系，应当单列为一卷，因此称善导作品为六部十卷。但是经笔者考察，《观念法门》在日本流传的古本中，很少出现单列的情况。本文依照古本体例，不提倡将《依经明五种增上缘义》作为《观念法门》别称的这种说法，仍视二者为一体。因此"依经明五种增上缘义"不应作为《观念法门》名称，而只是其中一部分内容。

《观念法门》的解题即可根据上文提到的书名展开。"观"即"观想念佛"，意思是通过观想佛相和佛身、观想华座、观想宝地等来达到念佛的目的。"念"即"念佛三昧"，善导在文中通过引用《般舟三昧经》的内容，阐明了行住坐卧如若能一心专念佛名，即能见佛往生净土。"观念法门"四个字包含了这两种修行方法，说明照此修行即可功德无量，往生净土。

日本学界对于《观念法门》书名的解读，目前认可度高的著作主要有

---

① 释慧净. 善导大师要义［M］. 安徽宣城弘愿寺倡印，2006：124.

良忠的《观念法门私记》和入阿的《观念法门要略记》，这在诸多日本论文中都有提及。《观念法门要略记》中解释此书的全称是"观念阿弥陀佛相海三昧功德法门"，入阿认为此文题目就已言明了内容主旨，"观佛三昧"和"念佛三昧"即《观念法门》的中心思想。"相"说的是佛相，"海"意味着深远和广大。因此，题目意为如果能做到观念佛相和称念佛名，就会获得无上的功德。

　　良忠的解释与入阿其实大同小异，也指出了"观"和"念"为两重主要含义，"法门"二字是为了传播净土宗的教义。大谷旭雄在其《善导大师与日本净土宗》一书中选择的解读说法稍有不同，认为本书更着重强调忏悔仪式，但从书名理解无法挖掘善导撰写《观念法门》的真正意义。总体而言，无论从哪个角度对《观念法门》进行解读，它都是一部劝人修行的著作，它的职能和功用与"五部九卷"其他书目相比，有着明显区别。

第二节　《观念法门》流入日本的情况

　　关于《观念法门》在日本最初的流传，大谷旭雄、中井真孝和牧田谛亮等多位日本学者在其著书或论文中，都认为根据目前留下的最早的记录，《观念法门》是在承和六年（839）时，由日本入唐留学的僧人圆行传入。这里判断的依据是《灵严寺和尚请来法门道具等目录》（又作《灵严寺和尚目录》）的："观念阿弥陀佛相海三昧功德法门一卷　善导师集。"① 在《东域传灯目录》一书中也有记载："阿弥陀佛相海功德法门一

---

① 佛教刊行会. 大日本佛教全书：第2卷［M］. 东京：大法轮阁，2007：44.

卷　善导　云（观念阿弥陀佛相海三昧功德法门）。"①

　　圆行此人，国内相关记载有限，是日本在唐朝时派遣的留学僧人，日本平安时期入唐八大家之一，《灵严寺和尚请来法门道具等目录》中收录了众多从唐朝传播过来的经文典籍，还包含了不少图像和道具。《东域传灯目录》出现的时间要晚于前者，因此从材料的时间上来说，似乎圆行的这份目录更能体现出《观念法门》传入的真实时间。

　　与"五部九卷"其他书目不同，杨曾文先生的《日本佛教史》记述过，在日本的奈良时代就已经出现了善导著作的手抄本，但目前没有发现《观念法门》的奈良抄本，可见《观念法门》在日本的传播可能与"四部五卷"其他书目相比要更晚一些。

第三节　内容结构分析

　　《观念法门》作为善导"四部五卷"的重要组成部分，其本身内容结构具有一定的争议。日本学者成濑隆纯先生等认为，《观念法门》与其他善导著作相比，在一定层面上来说不太完整，其中的五种增上缘义更是与主旨内容大相径庭，但是这并不影响其所体现出的净土思想。

　　岳麓版《善导大师全集》将《观念法门》分为三个部分：第一部分称作三昧行相分。顾名思义，即说明观佛三昧、念佛三昧两种行法。这一部分又由五个小部分组成，分别为观佛三昧法、念佛三昧法、道场念佛法、忏悔发愿法、临终行法。这种分法虽然将书中第一部分的主要内容进行了较为精准的概括，但是从篇幅来说，道场念佛法、忏悔发愿法和临终

---

① 佛教刊行会. 大日本佛教全书：第 1 卷［M］. 东京：大法轮阁，2007：80.

行法只占了一小部分，这样的概括似乎难以突出重点。第一部分的核心在前两法——观佛和念佛，后三法都是为了前两法服务的。

第一部分开篇序言即提出了四个要点，就各个要点分别说明了来源依据：

其一，依据《观无量寿经》《观佛三昧海经》等明确观佛三昧法。这一部分主要依靠《观无量寿经》中的十三观来实现。善导在这里重点强调了观想佛身、观想华座和观想宝地这三观，但并不是说其他的就不需要，原文中就有"但依《观经》十三观安心，必得不疑"。① 通过观想来使众生凝神定心，但观想不是目的，最后仍然要回到念佛往生这一途径上来。

其二，依据《般舟经》明确念佛三昧法，此处《般舟经》指《般舟三昧经》，善导通过引用经文中的一段对话，比之前更进一步突出了专心念佛可得往生的中心思想。

其三，依据《阿弥陀经》明确道场念佛的方法，这一部分篇幅较短，简单说明了应该如何布置道场，如何安放佛像，而后将前面的观佛三昧和念佛三昧结合在一起。

其四，依据《阿弥陀经》明确忏悔发愿的方法，这一部分主要体现了善导忏悔思想与念佛思想的融合。

其五，提出了临终行法，这一部分看似比较突兀，与前文关联不大，却是将前面所谓的观佛、念佛、忏悔三者进行融合、总结——如果能够按照前文所说进行修行，那么即使是快要去世的人，也会"若得罪灭，华台圣众，应念现前，准前钞记"。②

第二部分称为"依经明五种增上缘义"，这里的"经"包含《无量寿经》《十六观经》《四纸阿弥陀经》《般舟三昧经》《十往生经》《净土三

---

① 释慧净，释净宗. 善导大师全集［M］. 长沙：岳麓书社，2012：330.
② 释慧净，释净宗. 善导大师全集［M］. 长沙：岳麓书社，2012：338.

昧经》。善导在这里列举了这六部往生经，却没有立即对这六部经书进行引用，而是把读经当作一个过程，再直入主题，将所有归结为称念阿弥陀佛佛名，就可以得到五种增上缘义。

这五种增上缘义分别是"灭罪""护念""见佛""摄生""证生"，对于此处前人多有解释，多从善导举出的例子进行分析。

"灭罪"即称念佛名、观想佛身等可灭除自身的罪过。

"护念"即诚信念佛、观想之后得到佛的保护。大谷旭雄先生将其解释为佛菩萨的随逐影护，也是完全没有问题的。

"见佛"举了《观无量寿经》王舍城故事中的韦提希夫人的例子，说明如若心中怀有虔诚的见佛之念，遥念佛名，就有见到佛的机缘。韦提希夫人正是依靠称名念佛，得到了阿弥陀佛三念愿力的加持，得以见佛。三念愿力指的是立誓发愿的力量、定力的力量、自身功德的力量。值得注意的是，这里也集中体现了善导"凡夫入报"的理论，因为韦提希夫人是凡夫，并非其他经典中常常出现的圣贤大德。因此通过这个例子，善导想要进一步告诉众生，即使自身是凡夫，也可通过观佛和念佛的方式得到往生弥陀净土的结果。但是单独依靠佛陀的外力远远不够，还需要修行者自身的内力，也就是我们现代学界经常说的自身的主观能动性。这一部分就是《观念法门》中经常被引用和解读的"三心说"——"至诚心""信心""愿心"。其后对《般舟三昧经》《月灯三昧经》《文殊般若经》的引用也都是为了说明之前的见佛观点。

"摄生"可以理解为"承接佛陀的愿力达到往生"之意。这里又列举了几部经文——《无量寿经》《观无量寿经》《四纸弥陀经》等，来证明专念佛名即可往生，告诫众生不要迟疑。对"摄生"这一部分的解读，最值得注意的地方在于善导特别注明了有些女子专心念佛也是可以往生的。日本学界有专门针对这一观点进行解释的论文，这有助于理解唐代女子地位的提高和善导本人的众生观。

"证生"即"证明可以往生"的意思。前面提到了众多的法门诀窍，却还是不能保证所有人都能坚信不疑，所以善导就"信"这个问题做了举例，引用《观无量寿经》和《无量寿经》的原文作为例子，最后总结为无论是下品凡夫还是上品大德，只要建立"信"心，乘借佛力，都可以往生弥陀净土，以此告诫世人不要怀疑。

第三部分岳麓书社版称为"结劝修行分"，第一小段承接上文中的建立三心可得往生，着重引用、列举了不信佛法的人应当如何，并且强调了诽谤佛法的严重后果——生前重病缠身，死后堕入地狱。

综上，《观念法门》的三个主要组成部分是相互关联的，单看前两部分，确实会产生文意联系断开的感觉，但是结合这三个部分来看，会发现其实是紧密联系的。善导首先在第一部分说出了应当如何去修行，教导五逆凡夫修行往生的法门，包括观佛三昧、念佛三昧以及后来的修行方法，都是为了确立一个修行标准；第二部分的五种增上缘义说明称念佛名往生净土的好处；第三部分则首先道出了如果不建立"信心"，诽谤佛法的坏处——会堕入佛家所讲的地狱世界，其次又大量引用其他经典，来说明之前观佛三昧、念佛三昧的诸多好处。借此说明佛不虚言，更强调五逆谤法，凭借此法也可往生，罪孽除尽。

通览《观念法门》的全文内容，其实字面上的"观"要大于"念"，而实际意义上的"念"要大于"观"，这说明此时的善导受早期净土宗法师观想念佛的影响还是比较大的，但是已经初步建立起了自己的以称名念佛为主的核心净土思想。因此，笔者认为《观念法门》此书应该成书较早，是善导青年时代所写，再者这部《观念法门》引用了很多经文，我们可以从引用的内容来分析这部《观念法门》大概的成书时间。成濑隆纯在其论文中多次提到，《观念法门》书中引用的是年代比较早的一卷本《般舟三昧经》，也可证明这部著作诞生的时期应在善导创作的早期。

第四节　版本考证

善导著作传入日本之后，在一千多年的时间中不断流传刊印，有些版本已经难以找到原本，因此笔者结合日本净土宗务所出版的《善导和尚集别卷》、日本佛教大学于 2011 年出版的《净土教典籍目录》、齐藤隆信的《中国净土教仪礼の研究——善导と法照の讃偈の律动を中心として》等诸多书籍及相关论文，收集了中日古书网站的信息检索结果，综合考察了古籍资料，将目前已知的版本信息整理如下。按古籍内容分合情况，分单行本与合订本两种装订形式；按版本制作工艺，分写本和刻本两种版本类型。另外，此处进行版本梳理时涉及日本的时间分期，具体以日本上杉智英的博士论文①中的记述为基准，后续四、五、六章标准统一，不再赘述。

表 4.1　日本各个时代及时间分期

奈良时代：710—793 年	平安初期：794—900 年
平安中期：901—1000 年	平安后期：1001—1086 年
院政时期：1087—1191 年	镰仓初期：1192—1240 年
镰仓中期：1241—1290 年	镰仓后期：1291—1335 年
南北朝时期：1336—1392 年	室町时期：1338—1573 年
安土桃山时期：1573—1603 年	江户时期：1603—1868 年
明治时期：1868—1912 年	大正时期：1912—1926 年
昭和时期：1926—1989 年	平成时期：1989—2019 年

---

① 上杉智英．"往生礼讃偈"の文献学的研究 —古写経本"集諸経礼懺儀"卷下を用いて— [D]．国际佛教学大学院大学，2016.

一、日本流传《观念法门》单行本写本情况

表4.2 日本《观念法门》单行写本

序号	时间	版本	卷数	收藏单位	书写者以及刊记
（1）	镰仓初期建历三年（1213）	日本现存最古写本	一卷	京都市寺町誓愿寺藏本	书写者不详 刊记：建历三年太岁癸酉闰九月八日毕
（2）	时间不明	写本卷子装	一卷	收录于《敦煌秘籍》，为日本杏雨书屋所藏，原为中国天津李盛铎旧藏本	书写者刊记不详

注解：

（2）据齐藤隆信著作①所载，该本最早于1900年在甘肃省敦煌莫高窟被发现，清末民初由中国天津收藏家李盛铎收藏，李盛铎去世后，以八万日元价格被拍卖，现收藏于日本杏雨书屋。收录于《敦煌秘籍》。该版本卷首残缺，原题为《观念阿弥陀佛相海三昧功德法门经一卷》。

二、日本流传《观念法门》单行本刊本情况

表4.3 日本《观念法门》单行刊本

序号	时间	版本	卷数	收藏单位	书写者以及刊记
（1）	镰仓初期时间不明推断应为贞永元年（1232）版本	入真版粘叶缀	一卷	日本龙谷大学写字台旧藏	书写着不详 刊记不详
（2）	镰仓时期时间不明		一卷	日本高田派专修寺	书写者不详 刊记不详

① 齐藤隆信. 中國净土教儀禮の研究——善導と法照の讃偈の律動を中心として［M］. 法藏館，2015：61-62.

序号	时间	版本	卷数	收藏单位	书写者以及刊记
(3)	镰仓时期 时间不明		一卷	日本大谷大学	书写者不详 刊记不详
(4)	镰仓时期 （1302）	知真版	一卷	不详	上杉智英博士 论文收录
(5)	镰仓时期 （1322）	知真版	一卷	不详	上杉智英博士 论文收录
(6)	室町时期 时间不明	粘叶缀	一卷	日本円照寺	书写者不详 刊记不详
(7)	江户时期 明历二年 （1656）		一卷	日本佛教大学	京都丁子屋九郎 右卫门重印 刊记不详
(8)	江户时期 万治2年 （1659）		一卷	日本佛教大学	书写者不详 刊记不详
(9)	江户时期 宽文7年 （1667）	古版		不详	1930年《善导和尚 集别卷》收录
(10)	江户时期 元禄六年 （1693）	刊鳌头本 良仰本	一卷	日本佛教大学 日本千叶县立 中央图书馆 （堀田正恒伯爵文库）	印记堀田氏藏书之印
(11)	江户时期 元禄七年 （1694）	袋缀本 义山本	一卷	日本佛教大学	书林采贤堂谨刊
(12)	江户时期 宝永六年 （1709）	良仰版			《善导和尚集别卷》 收录

续表

序号	时间	版本	卷数	收藏单位	书写者以及刊记
（13）	江户时期 宽政七年 （1795）		一卷	日本九大	河内屋八兵卫
（14）	江户末期 时间不明	支那撰述 和刻本	一卷	蓬左文库	日本京都知恩院
（15）	江户末期 时间不明	新版重校 和刻本	一卷	不详	村上勘兵卫

注解：

（1）版本齐藤隆信书中作室町时代。

三、日本流传《观念法门》合订本刊本情况

表4.4　日本《观念法门》合订刊本

序号	时间	书名	著录情况	收藏单位	书写者以及刊记
（1）	时间不详	《观经行仪分》	与《法事赞》 合册	日本东北大学	书写者不详 刊记见注解
（2）	室町时代 以前	不详	与《般舟赞》 合册	日本名古屋 真福寺所藏	书写者不详 刊记见注解
（3）	江户时期 明历二年 （1656）	《善导大师著 述集》9卷本	不详	日本东北大学	书写者不详 刊记不详
（4）	江户时期 元禄六年 （1693）	《善导五部》	不详	日本东大総 西山文库	京都河南四郎 右卫门村上勘兵卫

序号	时间	书名	著录情况	收藏单位	书写者以及刊记
(5)	江户时期元禄七年（1694）	《善导大师著述集》10卷本	不详	日本实践女子大学山岸文库	书林采贤堂刻本玄向律寺享子·仁兴旧藏
(6)	江户时期具体时间待考证	《五部九卷要文·二藏二教略颂合帙》	和大本	不详	三缘山藏版、酉山堂总兵卫制本
(7)	江户时期元禄八年（1695）	（四声句读）《五部九卷要文·二藏二教略颂合帙》	和大本	不详	华顶山藏本元禄八年乙亥仲夏初刻明治三年庚午□春再刻
(8)	江户时期嘉永元年（1848）	《五部九卷要文·二藏二教略颂合帙》	和大本	うたたね文库（日本歌德文库）	缘山大众文库
	江户时期嘉永元年（1848）	《五部九卷要文·二藏二教略颂合帙》	和大本	日本实践女子大学	书林采贤堂刻本
(9)	江户后期时间不详	《七祖圣教》	和刻本不详	日本中央大学	书写者不详刊记见注解
	明治时期明治九年（1876）	《七祖圣教》	重印本	日本东大総	书写者不详刊记见注解
(10)	明治时期明治十八年（1885）	《七祖圣教》本愿寺	和刻本卷中	东京图书馆藏	书写者不详刊记见注解
	明治时期明治十八年（1885）	《七祖圣教》护法馆	和刻本卷中	东京图书馆藏	书写者不详刊记见注解

序号	时间	书名	著录情况	收藏单位	书写者以及刊记
（11）	明治时期 明治 三十六年 （1903）	《真宗圣教大全：在家宝鉴》	平装本 中卷	日本国立国会图书馆	横川凑文堂 横川藤太郎编
（12）	大正十二 年 （1923）	《意译真宗圣典：三经七祖》	平装本 和字本	不详	书写者不详 刊记见注解
（13）	大正十三 年 （1924） 至昭和 三年 （1928）	《大正新修大藏经》	排印本 第四十七卷 诸宗部四	日本一桥大	东京大正一切 经刊行会
（14）	昭和三年 （1928）	《净土宗全书》	第四卷 第二辑 震旦祖释三	日本帝国图书馆藏	净土宗典刊行会编 净土宗典刊行会出版
（15）	昭和五年 （1930）	《善导和尚集》	活字版	日本立命馆大学	柴田玄凤等编纂 东京净土宗务所出版
（16）	昭和十五 年 （1940）	《真宗圣教全书》	第一册 三经七祖部	日本东北大学	真宗圣教全书编纂 所著与教书院出版

注解：

（9）刊记：嘉永二年（1849）日本释阙名辑，京都丁子屋平兵卫等刊。

明治九年（1876）京都西村空华堂丁子屋九郎右卫门印本。

（10）刊记：嘉永二年（1849）日本释阙名辑，京都丁子屋平兵卫等刊。

（11）刊记：嘉永二年（1849）日本释阙名辑，京都丁子屋平兵卫等刊。

（13）版本以德川时代大谷大学所藏刊本为底本，与义山本同属一个版本系统，以德川时代大正大学所藏良仰本为校对本。

四、中国流传《观念法门》的版本情况

表4.5 中国《观念法门》版本

序号	时间	出处	编纂者	发行、出版单位
（1）	1931年	《观念弥陀法门》		金陵刻经处 由愿款支刻流通
（2）	2000年	《观念弥陀法门》		金陵刻经处
（3）	2003年	《善导大师全集》	慧净法师、净宗法师	宣城弘愿寺
（4）	2003年	《净土宗大典》八	林明珂、申国美编	
（5）	2008年	《善导大师语录》	高雄净宗学会	高雄净宗学会
（6）	2012年	《净土文献丛刊：善导大师全集》	释慧净、释净宗	岳麓书社
（7）	2013年	《云在阁经藏　唐代净土祖师全集》	张景岚编校	九州出版社

通过齐藤隆信等相关学者的整理，我们可以发现《观念法门》的版本流传大致有两条线索，分别是中国考古发掘线索和日本通行本流传线索。善导的《观念法门》诞生于唐朝，而后在国内失传，在宋以后的净土著作中基本见不到有关于它的引用。关于这一点，在日本学者道端良秀的《宋代以后的净土教与善导》一文中已经有所涉及。近代在甘肃敦煌莫高窟，通过考古发掘出土了部分残卷，我们称之为敦煌原书，与《观念法门》一起出土的，还有部分《法事赞》《往生礼赞偈》的经文。经中国考古发掘的《观念法门》版本被日本收录于《敦煌秘籍》中，这一部分文献并没有受到日本净土宗影响，也没有在日本进行广泛传播，因此可以说是通过考古发掘形成的中国线索，但缺点在于由年代久远，部分内容已经无法通过技术手段修复，存在文本内容缺失的现象。

第二条是日本通行本流传的线索，日本京都市寺町誓愿寺所藏写本为

日本现存最古版本，它记录着《观念法门》流传于日本的最初形态。而后，随着法然上人创立了日本净土宗，净土思想在日本形成传播热潮，在不同时期历经多次刊印，逐步有了知真版、良仰本、义山本，后于明治、昭和时期逐渐形成了日本现有的通行本。昭和时期的《净土宗全书》是目前日本认可度比较高的通行版本。

第五章 《法事赞》研究

第一节 《法事赞》的书名和书题

《法事赞》又称《净土法事赞》，共有上下两卷，上卷下卷的首尾题又各有不同，因此也有将各卷首尾题作为《法事赞》别名的做法。《法事赞》与善导"四部五卷"的其他著作相比，名称较多。根据《净土教典籍目录》① 中日本学者加藤宏孝的整理，《法事赞》别名有三：一是上卷尾题的《西方净土法事赞》；二是下卷首题的《安乐行道转经愿生净土法事赞》；三是敦煌出土的上卷尾题的《净土法事赞》。但是这里的著录，除却敦煌本外，均没有注明是哪一版本的首尾题，卷上卷下是否同属于一个版本，因此将以上信息一一列举，以供研究参考。

早在日本江户时期，日本僧人慧云就在其《法事赞刊定记》② 中对《法事赞》的题目进行了考证，他认为日本主要流传的《法事赞》上下卷，题目名称都是省略之后的简称，上卷首题名为《转经行道愿往生净土

---

① 日本佛教大学综合研究所. 净土教典籍目录 [M]. 北海道：凸版印刷株式会社，2011.
② 妻木直良. 真宗全书：第 11 卷 [M]. 京都：藏经书院，1913.

法事赞》，上卷尾题名为《西方净土法事赞》。上卷首题省略了"安乐西方"，上卷尾题更是极其简略的说法。下卷首尾题名为《安乐行道转经愿生净土法事赞》，下卷首尾题都省略了"西方"二字。上卷转经行道，下卷行道转经，上下卷是相互呼应的关系。这里所产生的细微区别，究竟是流传过程中因传抄产生的省略，还是后人在读诵时对题目的补充，似乎都有一定可能性。

到了 20 世纪初，日本出版的一系列与《法事赞》相关的著作，对《法事赞》书题的记录基本上存在两种情况：一是把首尾题混作书名，不做细致区分。例如，足利宣正的《净土真宗网要》写道：《转经行道愿往生净土法事赞》又名《安乐行道转经愿生净土法事赞》，简称《西方净土法事赞》。二是将首尾题单独列出，与书名相互区分，但不注明具体版本，以滨口惠璋的《善导大师鑽仰》为例，书中写道《净土法事赞》上卷首题为《转经行道愿往生净土法事赞》，尾题为《西方净土法事赞》。

在日本的《新纂净土宗大辞典》①中同样记载了与上述相同的说法，卷上首题为《转经行道愿往生净土法事赞》，尾题为《西方净土法事赞》，下卷首尾题相同，并且额外写明在中国吐鲁番出土的写本中上卷尾题为《净土法事赞》。

这里不难看出，日本现存的《法事赞》经过长时间的流传，首尾题的记录逐渐趋于一致，而大谷探险队在中国吐鲁番发现的《法事赞》上卷的写本则属于不同的体系。这本《法事赞》目前在日本探险家橘瑞超的《二楽丛书》中有翻刻收录，目前藏于中国国家图书馆，此本也被称为是大谷光瑞旧藏本，经相关学者考证，一般认为该版本出现的时期为 7 世纪到 8 世纪之间。目前日本所藏最早的版本应为镰仓时期的写本，这样看来这本相比于受法然一脉影响的日本流传本，应该更有研究价值。

---

① 参见新纂净土宗大辞典，http://jodoshuzensho.jp/daijiten/index.php/メインページ。

国内对于《法事赞》的书题研究相对比较简单，由中国近代丁福保所纂的《佛学大辞典》中将《法事赞》的书名记录为《转经行道愿往生净土法事赞》。国内目前主要流行的岳麓书社版《善导大师全集》对于《法事赞》首尾题的记录也与日本上述著作的说法一致。

如今看来，流传度最广的书名还属《法事赞》这个简称，它突出了善导"四部五卷"作品中对于行仪的规定。《法事赞》这一简称，顾名思义，其实最直观地体现出了本书的用途，适用于法会法事，因此它不具备常态性，乃是特定时间的临时行法，并且从形式上来说，大部分篇幅都是以赞文的方式出现的。

《法事赞》的具名应属《转经行道愿往生净土法事赞》，关于这一名称，释慧净等学者大师在《善导大师要义》①中都有解读，这里不再赘述。"转经"指转读，这里是读诵《阿弥陀经》之意。"行道"指的是在进行仪式之时的绕佛行为。"愿往生净土"指的是《法事赞》的最终落脚点和最终归宿。《法事赞》的其他书名所表达的意思大同小异，总体而言比较通俗易懂。

第二节　《法事赞》成书时间及流入日本的情况

目前为止，关于《法事赞》的成书年代并没有定论，在善导的传记中也并未发现有关其"五部九卷"作品成书年代的记录，我们只能通过三种方式来大体上推断《法事赞》等善导"四部五卷"的成书年代：一是通过结合善导生活的时代以及相关学者整理出的年表来推断"四部五卷"作品形成的时期，二是根据《法事赞》文本的部分用词以及其他文本的引用

---

① 释慧净. 善导大师要义［M］. 宣城：弘愿寺倡印，2006：130.

来进行推测大致时间，三是结合出土文献进行考证。

第一种方法和第三种方法目前来说成效有限，关于善导本人事迹的年表，中日两国很多学者都进行过一定的整理，但是只能推测出大概的时间。比如日本学者牧田谛亮推测善导写"五部九卷"的时间应该是从645年（贞观十九年）开始，并没有详细说明具体的时间。国内对于这个问题的关注相较于日本就更加稀少。

第二种方法，日本学者应用的比较多。例如，在《新纂净土宗大辞典》中引用了"十方"一词，由此可判断《法事赞》应该是成书于唐代永徽元年（650）以后，并且认为《法事赞》因其具有韵律特征，所以要比韵律性较差的《般舟赞》成书时间靠后。关于这一点除了上述文献外，齐藤隆信在其著作中也提出了类似的观点。他比较了解善导作品中所有"六方"和"十方"一词的使用情况，"六方"和"十方"混用现象非常普遍。经过齐藤隆信考证，这种混用翻译的源头正是唐代初年高僧玄奘于永徽元年翻译的《称赞净土佛摄受经》，玄奘在这部书中首先翻译出了"十方"，因此可以判断善导作品的写作时间应该都是在永徽元年之后。由此观之，《法事赞》也应该是符合这一时间段的。这种说法其实并不绝对准确，因文献在传播过程中总会受到一些人为因素影响，但也有一定的参考价值。永徽元年，善导时年三十八岁，年龄也比较符合。

久本实円在《"法事讃"製作年時の一考察》① 中，对《法事赞》结尾愿文中的三皇进行考证，认为这里的皇帝指的是唐高宗李治，皇后指的是武则天，太子指的是李宏，所以判断其大概的创作时间应是唐永徽年间。综上，虽然现有资料不足以明确《法事赞》的具体写作年份，但是判断在唐代永徽元年之后是相对比较可信的。

关于《法事赞》传入日本的时间，目前学界主要依据日本圆行的《严

---

① 久本实円. "法事讃" 製作年時の一考察［J］. 真宗连合学会，1970.

灵寺和尚请来法门道具等目录》、日本圆仁的《入唐新求圣教目录》、日本永超的《东域传灯目录》以及日本正仓院文书记录来确定。圆行的《严灵寺和尚请来法门道具等目录》与后面两本目录的记述略有差别，前者使用"转经行道愿往生净土法事赞"的名称，而后两者采用"净土法事赞"的简称。从这里也可以看出《法事赞》曾在唐代被多次传入日本，且关于《法事赞》书名的流传，在一开始传入的时候就有不同的说法。

　　关于《法事赞》的传来，日本学者藤原犹雪、中井真孝、山崎真纯都在各自的著作中进行了提炼总结。目前比较公认的看法是，《法事赞》和其他善导著作最早见于日本的奈良时代，并且在日本正仓院写经文书中的《大日本古文书》可以查看名目，笔者将中井真孝在《经疏目录类より见たる善导著述の流布状况》中的记录和山崎真纯在《净土教における善导の研究》① 中的记录做了初步对比，内容比较一致，现将原文摘录如下：这里出现的《法事赞》的名称是《西方法事赞》和《西方赞文》。

　　《西方法事赞》一卷本

　　1. 天平十二年七月八日付写经所启

　　2. 同十五年十二月二十九日付写经所解

　　3. 同年十二月付写疏论集常校帐

　　4. 同年付写疏所解

　　5. 同年付写了律论疏章集伝等帐

　　6. 同十六年正月付写疏充纸帐

　　7. 同年七月付写一切经论疏本充帐

　　8. 同年士十二月二十四日类收一切经论疏目录

　　9. 同十七年十二月十五日付题疏勘定帐

　　10. 同十九年六月四日付经疏淡定帐

---

① 　山崎真纯. 净土教における善导の研究［D］. 龙谷大学，2015.

11. 同年六月日付写疏所解

12. 同二十年八月四日付宫一切经散帐

13. 同年十二月付未分经目録

14. 天平胜宝五年五月七日类收奉写章疏集伝目録

15. 同日类收奉写章疏集伝目録

16. 神护景云二年五月二十九日付奉写一切经司牒

17. 同年六月四日付造东大寺司牒案

《西方赞文》一卷

18. 天平十五年九月二十八日付桧前麻吕手実案

大谷旭雄在《善导大师与日本》一书中依据以上的记录，认为《法事赞》是天平七年（735）由玄昉请来日本的。但是关于此书的传来，各家学者的观点相对复杂，还有相当一部分人对日本正仓院文书记录存疑。

中井真孝的观点是《净土法事赞》是承和十四年（847）由圆仁传来日本的。藤原犹雪的论文《正安版生赞奥记を中心こする史的考察》提到了一篇名为《血脉传来钞》的日本古文献："次に法事赞は同き仁明天皇承和十四年丁卯に慈觉大师请来す。"此句大意为《法事赞》是在仁明天皇承和十四年丁卯由慈觉请来的，但是几乎是同一时期的智圆在《礼赞钞》一文却又提供了不同的说法，认为善导的三部著作《法事赞》《般舟赞》《观念法门》是圆行和慈觉同时在仁明天皇时期传到日本的，他们于承和五年（838）从日本出发，承和十四年回到了日本。因此在《礼赞钞》中的记载，善导三本书传入的时间应当是承和十四年。

日本学者牧田谛亮又根据《灵严寺和尚请来法门道具等目录》找到了《法事赞》是承和六年（839）从长安传入的依据，这与岳麓书社版释慧净的《善导大师年表》的记录是一致的，但是由于此时距离善导去世已有一百多年，在这段漫长的时间中很有可能还有别人将善导著作传入日本，因此如果单单将文献的记录当作其传入日本的时间也是不准确的，其后他也提到了大日本古文书中的记载，认为就目前来看，善导"五部九卷"著作是由在奈良时代的日本留学僧传入，一直通过写经的方式流传，借助日本的法然上人源空逐渐在日本国内产生了重要影响。

藤原犹雪又对比了两部文献，一是圆行的《灵严寺和尚请来法门道具等目录》，此书中记录有《般舟赞》《法事赞》《观念法门》，二是慈觉的《入唐新求圣教目录》的书中记录有净土法事赞二卷。《灵严寺和尚请来法门道具等目录》书底记载："承和六年十二月十九日，入唐沙门传灯大法师圆行上。"①《入唐新求圣教目录》书底记载："承和十四某年某月某日入唐天台宗请益传灯法师位圆仁上。"②

通过对比我们可以看出，《般舟赞》和《观念法门》到底是哪年传来的，如根据《血脉传来钞》所写来看，还有些值得推敲，但综合以上观点，《法事赞》是由慈觉或者圆行传到日本，似乎是没有疑问的，并且传来的时间正是838—847年。虽然目前尚不能推测出精确年份，但善导的《法事赞》在会昌法难之前就已经在日本有了文献上的记录，这一点是毋庸置疑的。综上所述，关于《法事赞》的最早记录还应属日本正仓院文书写经记录，慈觉和圆行确实起到了传播善导著作到日本的佛教文化交流纽带作用，但是这一过程中是否涉及善导"四部五卷"的其他著作，是否有其他留学到唐的日本僧人也曾将善导著作传入日本，至今仍是需要探讨和交流的问题。

---

① 高楠顺次郎．大正新修大藏经［J］．大正一切经刊行会，1928，55：1071.
② 高楠顺次郎．大正新修大藏经［J］．大正一切经刊行会，1928，55：1078.

第三节　内容结构分析

《法事赞》与善导其他"四部五卷"作品相比，结构层次最为清晰，目前比较通用的分类方式是将《法事赞》分为三个部分，分别是前行分、转经分和后行分。这样的分类其实是以中间转读《阿弥陀经》为界限，转经之前是前行分，转经之后是后行分，总体结构虽然比较简单，但每一部分具体涵盖的内容相对繁杂。

《法事赞》的整体内容是表现法事仪式的完整庄严，上卷内容大致可分为六个步骤。

第一步：法事开始之前请护法神。做法事通常都有这一个步骤，主要起到保证法事顺利的功能，开篇善导提到的四天王、师子王都是护法神。对此开篇敬请护法神，杨明芬在《唐代西方净土礼忏法研究》一书中分析《法事赞》结构和内容时，针对这一步骤已经解释得很清晰了，此处不再赘述。

第二步：序文。这一部分篇幅不短，大意可分三层：第一层说明众生目前是"生盲无目，慧照未明"的混沌状态，如果缺少佛的指引，不知道需要多久才能修成正果，往生净土，这是提出问题；第二层为修行者指明前路是"劝念弥陀，归乎净土"，这里符合善导一贯的"依托佛的愿力就可以往生"的他力思想，这是解决问题；第三层引出正题，也是《法事赞》的内容和主旨，即需要"专称名号，兼诵《阿弥陀经》"，短短一句话一方面说明了主旨是称名念佛，另一方面又点明《法事赞》所转之经就是《阿弥陀经》，强调重点。

第三步：法事前的准备工作——布置道场。《观念法门》中也有一段较为相似的文字，两者的布置方法也有一定的相似之处。

第四步：奉请，这一部分篇幅较长。杨明芬在其著作中以"高座"的登场为界限，区分为前奉请和后奉请两个部分。在岳麓书社版《善导大师全集》中则将这部分按照奉请对象的不同进行了细致的批注，分略请三宝、广请三宝等诸多部分，虽然比较详尽但容易使人"眼花缭乱"。因此笔者认为杨明芬将奉请高座作为区分依据具有一定的合理性，但也不是十分合适，因为在后文写"行道"之后还有相当一部分内容也提到了奉请，如奉请弥陀世尊、释迦如来、十方如来，因而这段内容难以简单概括，还是要结合具体内容进行研究。

在正式进入奉请之后，"高座"登场之前，一共有两部分的偈文，前一段偈文反复出现"般舟三昧乐 愿往生"和"无量乐"分别请弥陀、观音、大势至进入道场，而后再是十方诸佛和二十五菩萨，受到奉请之后在法场入座，待散香之后，向入会众佛发愿。第二部分的偈文则是邀请高座转经，这段反复出现"难思议 往生乐""双林树下 往生乐""难思 往生乐"，主要意思还是说明对于凡夫来说，往生有重重阻碍，如果不依靠佛的愿力，很难达到往生弥陀净土的结果，因此更应是"大众同心请高座，为度群生转法轮"，这都是"高座"入场之前的偈赞。而后依次请入"佛、法、僧"三宝，引用《贤愚经》来赞叹佛恩，生惭谢之心。

这一部分杨明芬认为是前奉请，而后的"高座"和下众轮流唱诵的部分被认为是后奉请，但由于后奉请的主要对象，其实也在前奉请当中出现过，这里的后奉请可以被理解为"高座"入场之后，更加正式的一种奉请，不仅奉请十方诸佛，还包括"奉请十方法界，人天凡圣，水陆虚空，一切香、华、音乐、光明、宝藏、香山、香衣、香树、香林、香池、香水，入此道场"。① 其中第一小节由"高接下赞 下接高赞"的形式来反

① 释慧净，释净宗. 善导大师全集［M］. 长沙：岳麓书社，2012：394.

复唱诵，用"愿往生 愿往生"作为偈赞的开头，用"手持香华常供养"作为每一个小段的结尾，一方面带有往生净土的强烈目的性，另一方面又注重了音律的和谐。第二小节奉请观音，整体内容仍是遵照之前，希望观音降临道场，以"散香华"作为每一句的结尾。第三小节由奉请神佛转为奉请诸物，从抽象走向了比较具象的事物，此三个部分无一不表明法事之盛。奉请之后，便是行道。

第五步：行道。奉请阶段结束之后，依照《法事赞》中所言，需得行道七遍，且散华偈赞都有相应的时机要求，在行道赞中又提到了奉请，每一小段偈赞仍以"愿往生"为开头。

第六步：忏悔，行道之后即向十方诸佛等忏悔自身罪孽。善导这里对于地狱的描述，涉及地狱的类型、地狱的恐怖形态，并且将生前毁坏三宝、不孝顺父母等罪状与地狱刑罚一一对应，意在说明忏悔灭罪的重要性，对众生亦有警醒之意，劝导其不要抱有侥幸心理。

从《法事赞》下卷开始，整个仪式更加清晰明了。

第一步：转经。从下卷开篇，每一节都转读《阿弥陀经》的一部分，配以相应的偈赞，偈赞内容还是开示凡夫疾苦，说明往生弥陀净土的种种好处，处于五浊恶世的凡夫应当称念佛名，依托佛的愿力往生净土。

第二步：总忏悔。与前一段忏悔相比，这一段更多在说身口意业、十恶之罪，岳麓书社版的《善导大师全集》在批注上将其概括为杀生罪、偷盗罪、邪淫罪、妄语罪、绮语罪、恶口罪、两舌罪、意业罪共八种罪行，每一种罪行都列举得十分具体，每一种罪行的忏悔都面对一切众生，末尾以"至心归命阿弥陀佛"结束。善导认为只要忏悔以上所列的十恶之罪，就已经将世间所有罪孽忏悔完毕。忏悔之后，唱赞回向。

第三步：行道。此处行道与转经之前的行道内容大致一致，行道同时兼有唱赞，以"般舟三昧乐 愿往生 无量乐"作为开头结尾，共行道七遍。

第四步：依法唱七礼，唱叹佛咒，最后向大唐皇帝、皇后、皇太子表达了祝愿之情。

第五步：随意，表明《法事赞》所说是常行之法。

第四节　版本考证

方广锠先生在《佛教文献研究十讲》中针对佛教文献研究目前存在的短板提出了他本人的看法："第一，对写本形态研究的缺失；第二，无人关注写本对学者治学、学术沿革之影响；此外，除少数文献外，写本中的异本、异卷、异品及其流变嬗变，基本还没有引起人们的注意。"① 写本往往承载了文献最初流传的形态，从这段话中，我们可以总结出在进行佛教文献研究时需要努力的方向，即要重视对于写本形态的考察。《法事赞》在善导"四部五卷"具疏中所保留的写本数量和质量都是相对比较完善完整的，因此在研究《法事赞》的版本过程中，注重写本的形态记录具有重要意义。

---

① 方广锠.佛教文献研究十讲［M］.上海：复旦大学出版社，2020：180-181.

一、日本流传《法事赞》单行本写本情况

表 5.1 日本《法事赞》单行写本

时间	序号	版本	卷数	收藏单位	书写者以及刊记
（1）	镰仓时期建历三年（1213）		不详	京都誓愿寺藏本	书写者不详 刊记不详
（2）	镰仓末期	粘叶缀笔抄本	两卷	大阪真宗寺藏本	书写者不详 刊记不详
（3）	镰仓末期	笔抄本	不详	金泽文库藏本	书写者不详 刊记不详
（4）	室町时期应永八年（1401）		两卷	西本愿寺藏本	书写者不明，应永八年辛巳六月某日书写毕
（5）	室町时代末期	粘叶缀	两卷	龙谷大学藏本	书写者不详 写字台藏印
（6）	书写年不明		卷下，零本	和歌山宝寿院藏本	书写者不详 刊记不详
（7）	书写年不明		卷上，零本	大阪觉应寺藏本	书写者不明

注解：

据日本《古写古版真宗圣教现存目录》① 第 1 辑所载：

（2）真宗寺藏本具体信息：真宗寺藏本的装订裱纸为粘叶缀；采用金散三纸裱纸；纵 26 厘米，横 15.7 厘米；上卷 43 张纸，下卷 55 张纸；半页 6 行，一行 7 个字；外题法事赞上（下）。

（5）龙谷大学藏本具体信息：龙谷大学藏本的装订裱纸为粘叶缀；采用溢地金散三裱纸；纵 25.9 厘米，横 16.5 厘米；上卷 65 页，下卷 34 页，半页 6 行，一行 7 个字；外题为"法事赞（上/下）"，首题"安乐行道转经愿生净土法事赞（上/下）"；撰号：沙门善导集记；尾题"西方净土法事赞上 安乐行道转经愿生净土法事赞卷下"。

---

① 宗学院. 古写古版真宗圣教现存目录：第 1 辑 ［M］. 宗学院，1937.

二、日本流传《法事赞》合订本写本情况

表 5.2　日本《法事赞》合订写本

序号	时间	版本	卷数	收藏单位	书写者、卷名以及刊记
（1）	书写年不明		卷首缺头的零本	中国国家图书馆藏本	书写者不明 北新 0355，大谷光瑞旧藏 《愿往生僧善导集记》
（2）	室町时期应永八年（1401）	声明本	一卷	日本本派本愿寺	书写者不明 《文赞》 刊记见注解

注解：
（1）齐藤隆信所载言时间为 7—8 世纪，具体时间不明。
（2）刊记：应永八年辛巳六月某日书写毕，包含《礼赞》《十四行偈》等内容。

三、日本流传《法事赞》单行本刊本情况

表 5.3　日本《法事赞》单行刊本

序号	时间	版本	卷数	收藏单位	书写者、卷名以及刊记
（1）	镰仓初期时间不明		两卷	日本高田专修寺	书写者不详 无刊记
（2）	镰仓时期时间不明		卷下零本	日本金泽文库藏本	书写者不详 良圣手沢本
（3）	镰仓时期（1302）	知真版	两卷	不详	上杉智英博士论文收录
（4）	镰仓时期（1322）	知真版	两卷	不详	上杉智英博士论文收录

续表

序号	时间	版本	卷数	收藏单位	书写者、卷名以及刊记
（5）	南北朝 时间不明	粘叶缀	卷上零本	日本光德寺藏	书写者不详 无刊记
（6）	室町时期 时间不明		两卷	日本龙谷大学 大东急记念文库 写字台文库旧藏	书写者不详 无刊记
（7）	室町时期 时间不明		两卷	日本大谷大学 日本知恩院 日本专光寺	书写者不详 无刊记
（8）	室町时期 时间不明		两卷	日本佑誓寺 日本民芸馆	书写者不详 无刊记
（9）	室町时期 时间不明	粘叶缀	两卷	日本毫摄寺	书写者不详 无刊记
（10）	室町时期 时间不明		两卷	日本慈敬寺	书写者不详 无刊记
（11）	室町末期 时间不明		两卷	日本円照寺	书写者不详 无刊记
（12）	桃山末期 时间不明	古活字版	两卷	栗田元次旧藏 铃木灵真旧藏	书写者不详 无刊记
（13）	江户时期 宽永十八年 （1641）		两卷	日本龙谷大学	不详
（14）	江户时期 明历二年 （1656）		两卷	日本佛教大学 日本东北大学 日本新潟大学 佐野文库 日本国文研究所 日本净照坊	明历丙申初冬吉旦、 五条桥通扇屋町、 京都丁子屋 九郎右兵卫门重刊

续表

序号	时间	版本	卷数	收藏单位	书写者、卷名以及刊记
(15)	江户时期 万治二年 （1659）		两卷	日本佛教大学	万治二己亥年正月吉旦、 吉田庄左卫门板行
(16)	江户时期 宽文七年 （1667）	古版	两卷	日本佛教大学 日本龙谷大学	介绍见注解 （明历二年翻刻本）
(17)	江户时期 元禄六年 （1693）		两卷	日本佛教大学 日本东京大学 日本千叶县立中央 图书馆 日本法然院	刊记见注解 1930年《善导和尚集别 卷》收录
(18)	江户时期 元禄六年 （1693）	刊鳌头本 良仰本	两卷	日本千叶县立中央 图书馆（堀田正恒 伯爵文库）	印记堀田氏藏书之印
(19)	江户时期 元禄七年 （1694）	袋缀本 义山版	两卷	日本佛教大学 日本龙谷大学 日本大谷大学	华顶山藏版、弘通所、 知恩院古门前、沢田吉 左卫门、京三条通寺町 西入、山中善兵卫
(20)	江户时期 宝永六年 （1709）	良仰本	不详	日本佛教大学	1930年《善导和尚集 别卷》收录
(21)	江户时期 享保二十年 （1735）		不详	日本佛教大学	享保廿乙卯中春求版、 今井七郎兵卫、井上忠 兵卫、合刻、冈书林、 元春栖敬书、采贤堂 谨刊
(22)	江户时期 明和六年 （1769）		不详	日本龙谷大学	书写者不详 无刊记

序号	时间	版本	卷数	收藏单位	书写者、卷名以及刊记
（23）	江户时期宽政二年（1790）		不详	日本法然院	书写者不详 无刊记
（24）	江户时期宽政七年（1795）		两卷	日本龙谷大学	西本愿寺下老花长円寺藏样
（25）	江户时期宽政十一年（1799）		两卷	日本龙谷大学 日本大谷大学	宽政十一年己未五月、浪花长円寺藏版、大阪雕刻师、松井忠藏（无刊记版本为龙谷山藏版）
（26）	江户时期时间不详	新刻校正	两卷	不详	《西方净土法事赞》 前田嘉右卫门（弘通） 狮谷 1809年跋
（27）	江户时期时间不详		两卷	日本公文书馆	公文书馆林（大学头）家本 内阁文库 刊记不详
（28）	江户末期	支那撰述书	卷上	不详	书写者不详 无刊记
（29）	江户末期	新版重校	卷上	不详	丁子屋九郎右卫门
（30）	江户时期		两卷	日本东京大学青洲文库（渡边信氏）	书写者不详 无刊记
（31）	江户末期时间不详	刊支那撰述书	两卷	日本蓬左文库	日本京都知恩院刊支那撰述书之一

序号	时间	版本	卷数	收藏单位	书写者、卷名以及刊记
(32)	明治时期 嘉永二年 （1849）		两卷	日本佛教大学 日本大谷大学	书写者不详 刊记见注解
(33)	明治时期 明治九年 （1876）		不详	日本东京大学 日本金泽大学 日本龙谷大学	书写者不详 刊记见注解 嘉永二年版本的覆刻
(34)	明治时期 明治十二年 （1879）		两册	日本佛教大学 日本金泽大学 日本龙谷大学	明治十年廿五日、御届、 同十二年三月、出版、 讲师南条神兴校正
(35)	幕末明治期	支那撰述	卷上	不详	藤井文政堂、山城屋佐兵卫
(36)	时间不详		两册	不详	内页有专念寺藏印

注解：

（16）介绍原文：此书世流布印本，文字往々有差误，故今考检而避讹帰正，重令开刊者也。旹寛文第七歳宿丁未弥生中澣、丁子屋三郎兵卫。堀川通仏光寺下儿町、帝都、书林、日野屋半兵卫寿梓。

（17）刊记原文：应剞劂氏之需刻疏讃科本五部共九卷，而弘通矣，伏愿回此功德普施法界共生安养，齐悟法忍。元禄癸酉三月十有四日，沙门良仰谨识。

（32）刊记原文：嘉永二年巳酉正月，京师书林、西六条花屋町油小路东入町、永田调兵卫、醒井通鱼棚上儿町、丁子屋庄兵卫、东六条下珠数屋町、丁子屋九郎右卫门、东六条鱼棚间之东入町、丁子屋平兵卫。

四、日本流传《法事赞》合订本刊本情况

表5.4　日本《法事赞》合订刊本

序号	时间	书名	著录	收藏单位	书写者以及刊记
(1)	时间不详	《观经行仪分》	与《观念法门》合册	日本东北大学	书写者不详 刊记见注解

序号	时间	书名	著录	收藏单位	书写者以及刊记
（2）	江户时期 明历二年 （1656）	《善导大师著述集》9卷本	第五、第六册 卷上	日本东北大学	书写者不详 刊记不详
（3）	江户时期 元禄六年 （1693）	《善导五部》	刊本 两册全	日本东大总 西山文库	京都河南四郎右 卫门村上勘兵卫
（4）	江户时期 元禄七年 （1694）	《善导大师著述集》10卷本 卷下		日本实践女子大学 山岸文库	书林采贤堂刻本 玄向律寺享子· 仁兴旧藏
（5）	江户时期 具体时间 待考证	《五部九卷要文.二藏二教略颂合帙》		不详	三缘山藏版、酉 山堂总兵卫制本 刊记见注解
（6）	江户时期 元禄八年 （1695）	《五部九卷要文.二藏二教略颂合帙》 （四声句读）	和大本	不详	华顶山藏本 元禄八年乙亥仲 夏初刻 明治三年庚午□ 春再刻
	江户时期 嘉永元年 （1848）	《五部九卷要文.二藏二教略颂合帙》 （四声句读）	和大本	うたたね文库 （日本歌德文库）	绿山大众文库
	江户时期 嘉永元年 （1848）	《五部九卷要文.二藏二教略颂合帙》 （四声句读）	刻本	日本实践女子大学	书林采贤堂刻本
（7）	江户后期 时间不详	《七祖圣教》	刻本	日本中央大学	刊记见注解
	明治九年 （1876）	《七祖圣教》	重印本	日本东京大学	刊记见注解

续表

序号	时间	书名	著录	收藏单位	书写者以及刊记
（8）	明治时期 明治十八年 （1885）	《七祖圣教》 本愿寺	和刻本 卷中	东京图书馆藏	书写者不详 刊记不详
	明治时期 明治时期 明治十八年 （1885）	《七祖圣教》 护法馆	和刻本 卷中	东京图书馆藏	书写者不详 刊记不详
（9）	明治中期 时间不详	《善导大师著 述集》9卷	元禄七年 （1694）重 刊本 卷下零本	日本千叶县立 中央图书馆藏	京都松柏堂出云 寺文治郎 重印
（10）	明治时期 明治三十六年 （1903）	《真宗圣教大 全：在家宝鉴》	平装本 和字本	不详	书写者不详 刊记不详
（11）	明治三十八年 至大正元年 1905—1912	《靖国纪念大 日本续藏经》	第一辑 第二编乙 支那撰述礼忏部	日本东北大学 日本东洋文库	前田慧云编 藏经书院出版
（10）	大正十二年 （1923）	《意译真宗圣 典：三经七祖》	平装本 和字本	不详	书写者不详 刊记不详
（11）	昭和三年 （1928）	《净土宗全书》 底本为良仰本	第四卷 第二辑 震旦祖释三 上下两卷全	日本帝国图书 馆藏（现为日本 国立国会图 书馆） 日本东北大学	净土宗典刊行 会编 净土宗典刊行会 出版

续表

序号	时间	书名	著录	收藏单位	书写者以及刊记
（12）	昭和五年（1930）	《善导和尚集》	活字版上下两卷全	日本立命馆大学日本爱媛大学日本中央大学日本东洋文库	柴田玄凤等编日本东京净土宗务所出版刊记不详
	昭和五年（1930）	《善导和尚集》	第一册	日本国立国会图书馆	柴田玄凤等编日本东京净土宗务所出版刊记不详
	昭和五年（1930）	《善导和尚集》	铅印本两册	日本东京大学	柴田玄凤等编日本东京净土宗务所出版刊记不详
（13）	大正十三年至昭和十五年（1924—1940）	《大正新修大藏经》	第四十七卷诸宗部四两册全	日本东北大学	高楠顺次郎编东京大正一切经刊行会出版
（14）	大正十三年至昭和十六年（1924—1941）	《大正新修大藏经八十五卷》《别卷图像十二卷》	排印及影印本	日本一桥大学	东京大正一切经刊行会及大藏出版株式会社
（15）	昭和十五年（1940）	《真宗圣教全书》	第一册三经七祖一七	日本东北大学	真宗圣教全书编纂所编与教书院出版
（16）	1976 年	《卍续藏经》	第一百二十八册影印本	日本京大人文研究所	台北新文丰出版公司用藏经书院版本影印

注解：

（5）刊记原文：永德三年癸亥仲冬十四日为听生缀之——镇西末学了誉四十三岁。

今此一本者，师了誉在下，总北相马马会祢谈场，永德三年癸亥仲冬之日，为弟子所缀也。弟子辱得彼清书一本，不胜喜泪，遂为酬彼芳思重声□削及声，亲禀师决以传永代者也。于时应永第十九年五月二十五日调功毕——酉誉。

右本者以酉誉上人真笔令摸写巴毕元禄三年九月廿七日——义山谨校

（7）刊记原文：嘉永二年（1849）日本释阙名辑，京都丁子屋平兵卫等刊。明治九年（1876）京都西村空华堂丁子屋九郎右卫门印本。

五、中国流传《法事赞》的版本情况

表5.5　中国《法事赞》版本

序号	时间	出处	卷数	编纂者	发行、出版单位
（1）	不详	《法事赞》	两卷	不详	金陵刻经处
（2）	1923 年	《法事赞》	两卷	不详	商务印书馆
（3）	2003 年	《善导大师全集》	两卷	慧净法师、净宗法师	宣城弘愿寺
（4）	2003 年	《净土宗大典》八	两卷	林明珂、申国美编	
（5）	2006 年	《周叔迦佛学论著全集》第 5 册	两卷	周叔迦著	中华书局
（6）	2008 年	《善导大师语录》	两卷	高雄净宗学会	高雄净宗学会

第六章　《往生礼赞偈》研究

第一节　《往生礼赞偈》的书名和书题

据日本研究成果，《往生礼赞偈》的别名有许多种。日本古代的《大日本古文书》① 中记录的《往生礼赞》《往生礼赞文》《礼赞文》《六时行道》，所指均是善导的《往生礼赞偈》，因此可将以上书名作为别名。日本良忠上人著有《往生礼赞私记》，是目前比较受认可的《往生礼赞偈》释书，但是其中并没有对书名书题进行过多叙述，而是注重解题，说明书名具义。

到了近代，日本学者足利宣正的《净土真宗网要》中，记载此书书名为《劝一切众生愿生西方极乐世界阿弥陀佛国六时礼赞偈》，滨口惠璋的《善导大师鑽仰》也记有上述相同的书名，并且记载此书略称为《往生礼赞》，或称《礼赞》《六时礼赞》。

现代日本的《新纂净土宗大辞典》记有以下三种书名：《愿往生六时礼赞偈》《劝一切众生愿生西方极乐世界阿弥陀佛国》《六时礼赞偈》。2011

---

① 东京帝国大学文学部史料编纂所. 大日本古文书［M］. 东京帝国大学出版, 1968.

年日本佛教大学编纂出版的《净土教典籍目录》记有《六时礼赞》《礼赞》《六时礼赞偈》《阿弥陀往生礼佛文》《礼阿弥陀佛文》《善导和尚礼忏之文》等不同的书名。

以上从日本方面记载查到的书名大同小异。但值得注意的是，"礼赞"二字在日本净土宗中有时并不专称此书，还有不少与之相似的书，如日本净土真宗的《真宗礼赞偈》等，也可以用"礼赞"二字代称。

国内对于《往生礼赞偈》并没有专门的著作进行研究，都是在著作的某一部分中体现。杨明芬在其礼忏仪研究著作中曾经提到，《往生礼赞》的原名是《往生礼赞偈》，《往生礼赞》是简称，《往生礼赞偈》是全称，也提到了此书别名为《六时礼赞》和《六时礼忏》。

一般来说，"礼赞"和"礼忏"可以混用。但是其别名反过来却有可能指向别的书目，笔者查找到的1895年由日本玉泉堂出版、堀尾贯务撰写的《六时礼赞》就是这样的例子，因此在别名的使用上不能一概而论，有时情况较为复杂，需要再仔细甄别。

通常情况下，经文的首尾题都有可能构成别名，但是纵观中日两国对于《往生礼赞偈》的书名研究，基本都是采用直接记录别名的方式。关于《往生礼赞偈》的首尾题，我们似乎很少像《法事赞》那样去研究，只有释慧净在编纂《善导大师要义》时提到了：本书题号，不论首尾，皆题《往生礼赞》，本书简称为《往生礼赞》《礼赞》《六时礼赞》。

综合部分日本版本，笔者按照时间由远及近的顺序，将《往生礼赞偈》首尾题的内容梳理如下。1879年由皓月堂出版的《往生礼赞偈》并没有首尾题。1885年日本出版的《七祖圣教》中卷，无论是本愿寺版本，还是护法馆版本，都在沙门善导集记后，记录有"劝一切众生愿生西方极乐世界阿弥陀佛国六时礼赞偈"，日本内阁文库收藏的江户刊本《往生礼赞偈》也和之前《七祖圣教》版本的内容一致。由此不难看出，这个位置出现的内容就是本书一些别称的由来，也有学者如日本的上杉智英认为这句话是《往生礼赞偈》的具名，其他是简称。国内岳麓书社版的《善导大师全集》将这一句话按照标点分成了三个小部分，这也可以解释为什么在如今看来，有些记录中会出现并不完整的书目别名。

但是《往生礼赞偈》首题出现的位置比较特殊，一般首题出现的位置都应该在著作者之前，而这句话却在其后书写，这应当就是引发争议的原因。如果按照对善导其他著作首尾题的研究思路，这句话不应当算作首题，而上述各个版本的尾题均为"往生礼赞偈"，目前并未搜集到其他含有不同尾题的本子，因此释慧净的说法在笔者看来是比较合理的。

第二节　《往生礼赞偈》流入日本的情况

日本正仓院写经文书中的《大日本古文书》，记载了部分与《往生礼赞偈》相符合的名目，对此中井真孝和山崎真纯在著作当中都有记述，但是其中关于《往生礼赞》和《往生礼赞文》的记录内容却是相反的，现将山崎真纯论文中《往生礼赞》的记录原文摘录如下：这里共出现了4个不同名称，即《往生礼赞》《往生礼赞文》《礼赞文》《六时行道》。

标题为《往生礼赞》一卷本的信息共8条，分别是：

天平十四年（742）七月二十四日付装潢本经充帐（廿九纸）

同年十八年九月二十一日付题经疏论布施文帐

同二十年十二月付未分经目录

天平胜宝元年八月十九日付检定经并杂物等帐

同五年五月七日类收奉写章疏集传目录（廿四纸）

神护景云二年五月二十九日付奉写一切经司牒

同年六月四日付造东大寺司牒案

宝龟五年十月十七日类收雑经目録

标题为《往生礼赞文》一卷本的信息共 2 条，分别是：

天平十四年九月三十日付角惠末吕写经论手実案

天平十九年十月九日付写疏所解査解

标题为《礼赞文》一卷本的信息是：

天平十四年七月二十四日付装演本经充帐

标题为《六时行道》一卷本的信息是：

天平三年八月十日付写经目録庇

　　这里的天平年间即日本奈良时代，通常情况下指的是 729—749 年，对应中国的唐玄宗开元时期至天宝初年。从上述内容我们可以看到，有关于《往生礼赞偈》的最早写经记录应是在《大日本古文书》中记录的天平十四年（1742），说明其在天平十四年之前就已经传入日本，因此留下了传写记录，这一记录也被称作天平写经，至今在日本奈良时代的佛教研究中都具有至关重要的作用。

　　关于最早传入时间的说法各不相同。大谷旭雄在《善导大师与日本》中，根据以上日本古文书的内容提出，早在天平七年（735），玄昉便已经将《往生礼赞偈》传入日本。而山崎真纯则在博士论文中认为首次将善导作品带到日本的是道昭。关于这两个人物，我们可以通过考察人物生平来进行大致判断。

　　玄昉，日本奈良时代的法相宗僧人，养老元年（717）跟随遣唐使入唐，天平七年返回日本，相传他捧着一切经五千余卷回到日本，所以有学者推测其中就包含善导的著作，大谷旭雄则认为里面一定有《礼赞》，也就是我们所说的《往生礼赞偈》。

　　道昭，日本奈良时代法相宗僧人，白雉四年（653），作为遣唐使的一员入唐，日本齐明天皇六年（660）回到日本。

从两人的经历来看，二人都是法相宗的僧人，并且都跟随遣唐使或者作为遣唐使进入唐朝求法，并且时间都跟善导生活的时代（613—681）相对应。从时间来看，僧人道昭生活的时间应是早于玄昉的，似乎日本正仓院的记录更符合他生活的时代。中井真孝也认为是道昭将善导的《往生礼赞偈》带入日本的。

到了日本的平安时代，在当时的一些目录中就可以找到善导著作的传写痕迹。例如流传甚广的《东域传灯目录》，这本目录是日本永超根据自身所见编纂而成的，虽然其中的一部分内容至今备受日本学界争议，但是仍然可以在一定程度上反映出日本奈良时代佛教发展的面貌。此时善导的著作已经在日本传播了一定时间，从日本真福寺所藏的《阿弥陀佛经论并章疏目录》就可以考证。综上所述，关于此书流传的最早记录见于《大日本古文书》，但是谁最早将其带入日本的，仍然留有疑问，诸多学者的意见至今没有统一。

第三节 内容结构分析

《往生礼赞偈》的整体内容结构，通常情况下分为前序、正赞和后序三个部分，这一点中日学者的看法和观点都较为一致。上杉智英以"六时礼法"为中心，将《往生礼赞偈》分为序文、忏悔发愿、后文三个部分，这里"六时"指的是日没、初夜、中夜、后夜、晨朝、日中。国内岳麓书社版的《善导大师全集》也在分析文义时列有前序、正赞和后序。这样的划分方式以"六时赞文"为中心，层次清晰结构分明，有利于之后的修行者更好地解读《往生礼赞偈》的职能和功用，但是从另外一个角度来说，这样容易忽略前序当中的一些重点内容。

第一部分序文，首先简明扼要地点明了创作此文的目的，本书是劝一切众生往生西方净土而制作的六时行仪，其次说明了《往生礼赞偈》的内容依据，即依据《佛说无量寿经》（简称大经）等著作以及龙树、天亲、彦琮法师等前代大德的思想，将借鉴的每一部分都分说详尽。这一部分最具价值之处，应是集中地阐释了修行的要义。比如，解释安心、至诚心和深心的三心释以及构成净土修行重要部分的五念门——礼拜、赞叹、观察、发愿、回向等。除此之外，还要做到恭敬修、无余修、无间修、长时修的四修方法，以及自利利他说、一行三昧、专杂二修等重要思想。与之前的《观念法门》相比，这里出现的净土思想不再具有受道绰等人影响的明显符号，而是逐渐显露出了善导自身的思想特色，因此笔者推测《往生礼赞偈》更有可能是在《观念法门》之后才撰写完成的。

第二部分正赞，对应之前序文中的顺序，六时礼赞依据一日当中的六个时辰，从日没开始算起，而后分别是初夜、中夜、后夜、晨朝、日中礼赞。这一部分前人多有总结，不再赘述。

第三部分后序，将之前所言通过举例的方式开示众人，即使是罪孽凡夫，也可依照称名念佛的方式往生净土，以证实之前所言非虚。文章末尾再次强调若能依照《往生礼赞偈》所说做到称、念、礼、观，就能除罪往生。在最后的部分，善导又依次引用了《十往生经》《观无量寿经》《无量寿经》《弥陀经》等经文，总结规劝往生弥陀净土。

第四节 版本考证

一、日本流传《往生礼赞偈》单行本写本情况

表6.1 日本《往生礼赞偈》单行写本

序号	时间	版本	卷数	收藏单位	书写者以及刊记
（1）	奈良时期		未确认	未确认	未确认
（2）	平安末期		不详	收录于日本正仓院《圣武天皇宸翰雜集》的七寺藏本	书写者不详 无底页，尾题阿弥陀佛往生礼佛文一卷书名
（3）	镰仓时期 建历三年 （1213）		不详	京都誓愿寺藏本	书写者不详 太岁癸酉十月初三日毕
（4）	室町时期 应永八年 （1401）	粘叶缀 声明本	一卷	西本愿寺藏本	应永八年辛巳□祕本共三本彼此校合シ甲乙博士写毕声ノ位难义不审之所ニ八五音符付毕甲乙共ニ更无不审者也但黄□刊记
（5）	书写年 代不明		不详	西本愿寺藏本 正教藏文库藏本	书写者不详 刊记不详
（6）	书写年 代不明		不详	巴黎国立图书馆藏本 P3841	书写者不详 底页有"日没礼讃偈"后半、"初夜礼讃偈""中夜礼赞偈"刊记

续表

序号	时间	版本	卷数	收藏单位	书写者以及刊记
（7）	书写年代不明		不详	伦敦大英博物馆藏本 S2553	书写者不详 底页有"日中礼赞偈"刊记
（8）	书写年代不明		不详	伦敦大英博物馆藏本 S2579	书写者不详 刊记不详

注解：

上杉文秀博士论文中提出的日本奈良时代未确认公布版本。

（3）净土宗西山深草派誓愿寺写本，是镰仓时期真宗高田派专修寺的刊本底本。

（4）版本据《古写古版真宗圣教现存目录》① 第 1 辑：应永八年西本愿寺藏本的装订裱纸为粘叶缀；采用金银散三纸裱纸；纵（15.4 厘米，14.7 厘米）横（16 厘米）；一卷本 77 页；外题为"礼赞"。

二、日本流传《往生礼赞偈》单行本刊本情况

表 6.2   日本《往生礼赞偈》单行刊本

序号	时间	版本	卷数	收藏单位	书写者以及刊记
（1）	镰仓初期		一卷	高田专修寺藏	书写者不详 无刊记
（2）	镰仓时期		一卷	日本大谷大学	书写者不详 刊记：以西山上人御藏移之毕
（3）	镰仓时期	粘叶缀	零本	日本大谷大学	书写者不详 无刊记 撰号：沙门善导集记

---

① 宗学院．古写古版真宗圣教现存目录：第 1 辑［M］．宗学院，1937．

序号	时间	版本	卷数	收藏单位	书写者以及刊记
（4）	镰仓时期建历三年（1213）	明信版	不详	不详	不详
（5）	镰仓时期贞永元年（1232）	入真版	不详	不详	不详
（6）	镰仓时期嘉祯三年（1237）	证慧版	不详	不详	不详
（7）	镰仓时期建长三年（1251）	入阿弥陀佛开版本	一帖	京都大学附属图书馆（宝寿院）	书写者不明 刊记：建长三年七月日愿主入阿弥陀佛
（8）	镰仓时期正安二年（1302）	知真版	一卷	佑誓寺 莲泉寺 日本民芸馆	上杉智英博士论文收录
（9）	镰仓时期元亨二年（1322）	知真版	一卷	日本龙谷大学 大东急纪念文库 日本大谷大学 知恩院 专光寺 写字台文库旧藏	上杉智英博士论文收录 书写者不明 刊记：日中结赞初句依御室经藏唐本加之而已 沙门知真
（10）	室町时期应永八年（1401）	粘叶缀	一卷	西本愿寺藏本	介绍见注解
（11）	室町时期	粘叶缀	一卷	毫摄寺 慈敬寺	书写者不详 无刊记
（12）	室町末期	粘叶缀	残缺	円照寺	书写者不详 无刊记

续表

序号	时间	版本	卷数	收藏单位	书写者以及刊记
(13)	桃山末期	古活字版	一卷	栗田元次旧藏 铃木霊真旧藏	书写者不详 无刊记
(14)	江户时期		一卷	公文书馆林（大学头）家本 内阁文库	书写者不详 无刊记
(15)	江户时期 宽永十八年 （1641）		一卷	日本龙谷大学	书写者不详 无刊记
(16)	江户时期 明历二年 （1656）		一卷	日本佛教大学 日本东北大学 日本新潟大学 日本国文研究所 净照坊	明历丙申初冬吉旦、 五条桥通扇屋町、丁 子屋九郎右兵卫门 重刊 与《般舟赞》合刊
(17)	江户时期 万治二年 （1659）		一卷	日本佛教大学	万治二己亥年正月吉 旦、吉田庄左卫门 板行
(18)	江户时期 宽文七年 （1667）	古版	一卷	日本佛教大学 日本龙谷大学	介绍及刊记见注解
(19)	江户时期 元禄六年 （1693）		一卷	日本佛教大学 日本东京大学 日本千叶县立中央图书馆（堀田正恒伯爵文库） 日本法然院	书写者不详 刊记见注解
(20)	江户时期 元禄六年 （1693）	刊鳌头本良仰版	一卷	日本千叶县立中央图书馆（堀田正恒伯爵文库）	印记堀田氏藏书之印 刊记不详

续表

序号	时间	版本	卷数	收藏单位	书写者以及刊记
（21）	江户时期 元禄七年 （1694）	袋缀本 义山版	一卷	日本佛教大学 日本龙谷大学 日本大谷大学	华顶山藏版、弘通所、知恩院古门前、泽田吉左卫门、京三条通寺町西入、山中善兵卫
（22）	江户时期 宝永六年 （1709）	良仰本	一卷	日本佛教大学	书写者不详 无刊记 1930 年《善导和尚集》别卷收录
（23）	江户时期 享保二十年 （1735）		一卷	日本佛教大学	享保廿乙卯中春求版、今井七郎兵卫、井上忠兵卫、合刻、冈书林、元春栖敬书、采贤堂谨刊
（24）	江户时期 明和六年 （1769）		一卷	日本龙谷大学	书写者不详 刊记不详
（25）	江户时期 宽政二年 （1790）		一卷	日本法然院	书写者不详 刊记不详
（26）	江户时期 宽政七年 （1795）		一卷	日本龙谷大学	西本愿寺下老花长圆寺藏梓
（27）	江户时期 宽政十一年 （1799）		一卷	日本龙谷大学 日本大谷大学	宽政十一年己未五月、浪花长圆寺藏版、大阪雕刻师、松井忠藏
	江户时期 宽政十一年 （1799）		一卷	日本龙谷大学	无刊记本

179

续表

序号	时间	版本	卷数	收藏单位	书写者以及刊记
(28)	江户时期嘉永二年（1849）		一卷	日本佛教大学日本大谷大学	书写者不详刊记见注解
(29)	江户末期	刊支那撰述书之一	一卷	日本京都知恩院	蓬左文库
(30)	明治时期明治九年（1876）		一卷	日本东京大学日本金泽大学日本龙谷大学日本东洋大学	书写者不详刊记不详
(31)	明治时期明治十二年（1879）		一卷	日本佛教大学日本金泽大学日本龙谷大学	明治十年廿五日、御届、同十二年三月、出版、讲师南条神兴校正
(32)	明治时期明治十二年（1879）		一卷	日本东京图书馆	书写者不详刊记见注解

注解：

（10）据《古写古版真宗圣教现存目录》① 第 1 辑载：应永八年西本愿寺藏本的装订裱纸为粘叶缀；采用蓝地纸表纸（后装）纵 25 厘米，横 15.1 厘米；一卷本 17 纸（内三枚补写），半页 6 行，一行 7 字；首题"往生礼赞偈一卷"，外题为"礼赞"。

（11）据《古写古版真宗圣教现存目录》第 1 辑，室町时代毫摄寺版本详细信息：装订为粘叶缀，采用绀地纸表纸纵 26 厘米，横 17 厘米；一卷 62 张纸，半页 6 行，一行 7 字；外题"往生礼赞"题笺。

（12）室町时代円照寺版本详细信息：装订为粘叶缀，表纸已经脱落；纵 25.7 厘米，横 16.5 厘米；一卷 64 张纸，半页 6 行，一行 7 字。

（20）该版本为义山版。

（27）刊记原文：嘉永二年巳酉正月、京师书林、西六条花屋町、油小路东入町、永田调兵卫、醒井通鱼棚上儿町、丁子屋庄兵卫、东六条下珠数屋町、丁子屋九郎右卫门、东六条鱼棚间之东入町、丁子屋平兵卫。

（29）该版本为嘉永二年版本翻刻本。

（30）明治十二年十一月廿四日御届，同年十二月十日刻成先故，善导大师著，出版

———

① 宗学院．古写古版真宗圣教现存目录：第 1 辑［M］．宗学院，1937.

人：皓月堂、爱知县平民、佐藤与介、名古屋区江川町、百七十九番屋敷。

三、日本流传《往生礼赞偈》合订本刊本情况

表6.3 日本《往生礼赞偈》合订刊本

序号	时间	书名	著录	收藏单位	书写者以及刊记
（1）	时间不详	《往生礼赞偈》	不分卷版和大本	日本九大	不详
（2）	江户时期明历二年（1656）	《善导大师著述集》9卷本	第七册	日本东北大学日本中央大学日本千叶县立中央图书馆藏	京都丁子屋九郎右卫门 重刊本
（3）	江户时期元禄六年（1693）	《善导五部》	一册	日本东京大学西山文库	京都河南四郎右卫门村上勘兵卫
（4）	江户时期元禄七年（1694）	《善导大师著述集》10卷本卷下	一册	日本实践女子大学山岸文库	书林采贤堂刻本玄向律寺享子·仁兴旧藏
（5）	江户时期具体时间不明	《五部九卷要文·二藏二教略颂合帙》	和大本	不详	三缘山藏版、酉山堂总兵卫制本刊记见注解
（6）	江户时期元禄八年（1695）	（四声句读）《五部九卷要文·二藏二教略颂合帙》	和大本	不详	华顶山藏本元禄八年乙亥仲夏初刻明治三年庚午□春再刻
（7）	江户时期嘉永元年（1848）	（四声句读）《五部九卷要文·二藏二教略颂合帙》	和大本	うたたね文库（日本歌德文库）	绿山大众文库

序号	时间	书名	著录	收藏单位	书写者以及刊记
(8)	江户时期 嘉永元年 (1848)	（四声句读）《五部九卷要文·二藏二教略颂合帙》		日本实践女子大学	书林采贤堂刻本
	江户后期 时间不详	《七祖圣教》	刻本	日本中央大学	不详
	明治九年 (1876)	《七祖圣教》释阙名 辑	重印本	日本东京大学	刊记见注解
(9)	明治时期 明治十八年 (1885)	《七祖圣教》本愿寺	和刻本 卷中	东京图书馆藏	书写者不详 刊记不详
	明治时期 明治十八年 (1885)	《七祖圣教》护法馆	和刻本 卷中	东京图书馆藏	书写者不详 刊记不详
(10)	明治中期 时间不详	《善导大师著述集》9卷	一卷	日本千叶县立中央图书馆藏	京都松柏堂出云寺文治郎 重印
(11)	明治时期 明治三十六年 (1903)	《真宗圣教大全：在家宝鉴》	平装本 和字本	不详	书写者不详 刊记不详
(12)	明治三十八年至大正元年 (1905—1912)	《靖国纪念大日本续藏经》	第一辑 第二编乙 支那撰述 礼忏部	日本东北大学 日本东洋文库	前田慧云编 藏经书院出版
(13)	大正十二年 (1923)	《意译真宗圣典：三经七祖》	平装本 和字本	不详	书写者不详 刊记不详

序号	时间	书名	著录	收藏单位	书写者以及刊记
(14)	昭和三年（1928）	《净土宗全书》	第四卷 第二辑 震旦 祖释三 上下 两卷全	日本帝国图书馆藏（现为日本国立国会图书馆）日本东北大学	净土宗典刊行会编 净土宗典刊行会出版
(15)	昭和五年（1930）	《善导和尚集》	活字版 行仪分 一卷	日本立命馆大学 日本爱媛大学 日本中央大学 日本东洋文库	柴田玄凤等编 日本东京净土宗务所出版 刊记不详
	昭和五年（1930）	《善导和尚集》	排印本 一册	日本爱媛大学	柴田玄凤等编 日本东京净土宗务所出版 刊记不详
	昭和五年（1930）	《善导和尚集》	铅印本 一册	日本东京大学 日本国立国会图书馆	柴田玄凤等编 日本东京净土宗务所出版 刊记不详
(16)	大正十三年至昭和十五年（1924—1940）	《大正新修大藏经》	第四十七卷 诸宗部四 一册	日本东北大学	高楠顺次郎编 东京大正一切经刊行会出版
(17)	大正十三年至昭和十六年（1924—1941）	《大正新修大藏经八十五卷》《别卷图像十二卷》	排印及影印本	日本一桥大学	东京大正一切经刊行会及大藏出版株式会社
(18)	昭和十五年（1940）	《真宗圣教全书》	第一册 三经七祖 一九	日本东北大学	真宗圣教全书编纂所编 与教书院出版 无刊记 介绍见注解

续表

序号	时间	书名	著录	收藏单位	书写者以及刊记
（19）	1976 年	《卍续藏经》	第一百二十八册影印本	日本京大人文研究所	台北新文丰出版公司 用藏经书院版本影印
（20）	1992 年	《净土真宗圣典七祖篇》（原典版）	一册	不详	净土真宗圣典编纂委员会 介绍见注解

注解：

（5）该版本为要文节选，内含《般舟赞》《观念法门》《法事赞》《往生礼赞偈》四部，刊记原文：永德三年癸亥仲冬十四日为听生缀之——镇西末学了誉四十三岁。

今此一本者师了誉在下总北相马马会称谈场永德三年癸亥仲冬之日为弟子所缀也弟子辱得彼清书一本不胜喜泪遂为酬彼芳思重声□削及声亲禀师决以传永代者也于时应永第十九年五月二十五日调功毕——酉誉。

右本者以酉誉上人真笔令摸写巳毕元禄三年九月廿七日——义山谨校。

（8）刊记：嘉永二年（1849）日本释阙名辑，京都丁子屋平兵卫等刊。

明治九年（1876）京都西村空华堂丁子屋九郎右卫门印本。

（10）该版本为元禄七年（1694）重刊本。

（18）该版本底本为本愿寺版的《七祖圣教》，校本为室町时期写字台文库旧藏刊本、大谷派依用十行本、大正藏本《集诸经礼赞仪》卷下。

（20）该版本底本为高田派专修寺藏镰仓时期刊本，校本为大谷大学藏镰仓时期刊本、室町时期写字台文库旧藏刊本、元禄七年（1694）义山版刊本、本愿寺版《七祖圣教》、高丽版《集诸经礼赞仪》卷下。

四、中国流传《往生礼赞偈》的版本情况

表 6.4　中国《往生礼赞偈》版本

序号	时间	出处	编纂者	发行、出版单位
（1）	1928 年	《往生礼赞偈》	不详	版存成都昭觉寺经房 民国十七年戊辰冬月刊
（2）	2003 年	《善导大师全集》	慧净法师、净宗法师	宣城弘愿寺
（3）	2003 年	《净土宗大典》八	林明珂、申国美	
（4）	2008 年	《善导大师语录》	高雄净宗学会	高雄净宗学会

序号	时间	出处	编纂者	发行、出版单位
（5）	2012 年	《净土文献丛刊：善导大师全集》	释慧净、释净宗	岳麓书社
（6）	2013 年	《云在阁经藏 唐代净土祖师全集》	张景岚	九州出版社

关于《往生礼赞偈》的版本体系，因其在国内有迹可循，所以与善导"四部五卷"的其他具疏有所不同，但也可以从中国和日本两条流传线索来划分此书的版本，只不过情况更加复杂。齐藤隆信将《往生礼赞偈》版本分为两大类，一类是中国线索，依照的是探险发掘的敦煌本，另一类则是日本流传的版本。《往生礼赞偈》的最大不同之处，是被收录于其他书中，因此在考虑《往生礼赞偈》的版本时，也需要将收录之书的版本考虑在内。

中国流传版本有入藏本和非入藏本两种。这种说法是齐藤隆信根据他所掌握的资料提炼出来的，他指出的入藏本即目前已知的收录本书的智升《集诸经礼忏仪》，这也多次出现在日本关于《往生礼赞偈》的研究内容当中。非入藏本指的是 20 世纪考古发现的《往生礼赞偈》各种敦煌写卷，例如，1905 年日本的橘瑞超氏在中国吐鲁番附近的窟院外找到的《往生礼赞偈》断简。齐藤隆信还把收录《往生礼赞偈》的敦煌石室别行本《五会法事赞》也解释为非入藏本，但是由于笔者并未找到此版本原本，这里不做详细研究。将入藏本和非入藏本综合考察之后，笔者认为可以将这二者统称为《往生礼赞偈》的国内版本系统，以入藏与非入藏区分似乎没有必要。

相较于以上所说的国内版本体系，日本流传版本体系就显得较为清晰，主要以是否为日本净土宗影响作为划分标准。保留原始形态的有日本正仓院《圣武天皇宸翰杂集》、日本七寺藏《集诸经礼忏仪》和七寺藏

《阿弥陀佛礼佛文》，剩下的就是日本净土宗真宗流传下来的写本刊本。目前普遍意义上的日本现存最古老的版本分别是京都誓愿寺藏镰仓初期写本、高田专修寺藏镰仓初期版本、京都大学附属图书馆藏建长三年（1251）版本，但是正仓院两部书中的收录年代其实要早于写本系统。在此基础上，日本学者齐藤隆信又把中国流传的敦煌石室抄本、正仓院《圣武天皇宸翰杂集》所收的版本和日本净土真宗版本进行了区分，认为前两者都注重汉语中的声律和韵律，不会像日本净土真宗版本一样被日语汉字替换，因此更保留了原始的面貌。日本传本和敦煌石室抄本有很大的不同，应该更加提倡使用未经日本净土宗校订的版本。

第五节　版本异文分析

日本学者上杉智英在其博士论文中，从收录《往生礼赞偈》的《集诸经礼忏仪》的不同版本出发，力图摆脱在流传过程中日本净土宗对《往生礼赞偈》的影响，并结合日本古本《阿弥陀佛礼佛文》进行了《往生礼赞偈》的文本校异。上杉智英以高丽再雕本《集诸经礼忏仪》下卷为底本，以日本七寺藏一切经本版（简称七寺本）、南禅寺藏高丽大藏经版（简称初雕本）、中国国家图书馆藏金版大藏经版（简称金藏本）、增上寺藏思溪版大藏经版（简称思溪版本）、金刚寺藏一切经版（简称金刚寺本）、檀王法林寺藏中尊寺一切经版（简称檀王本）、日本古版本京都大学附属图书馆藏建长三年刊本《往生礼赞偈》（简称京大本）、七寺藏《阿弥陀佛往生礼佛文》（简称礼佛文本）为校异本。

从上杉智英的研究中可以看出，初雕本和金藏本以及七寺本都属于北宋敕版《开宝藏》①的流传本，具有同样的祖书，却在内容上有所差异。这三个版本中，七寺本更接近《开宝藏》的复刻本，相对来说更接近《往生礼赞偈》的原貌，且上杉智英还在综合考察几个版本的基础上，做了北宋《开宝藏》的复原工作，但因其中内容目前尚未被学界普遍认可，因此在本文中并没有将复原后的北宋《开宝藏》版本作为甄选善本的参考内容。

金刚寺本和檀王本都是日本古刹遗留下来的版本，两个版本均保持着书写时细字双行的特点，这两个版本的起源似乎与日本初传的《往生礼赞偈》是一致的，都是从唐代流传过来，是来源更早的唐代抄本大藏经的转印版本。礼佛文本属于未经日本净土宗修订的版本，其中的内容与我们如今看到的《往生礼赞偈》有着很大的不同，但是确实是日本目前最古老的与《往生礼赞偈》有关的文本，它与京大本有着明显的区别，就价值而言更加珍贵。就校勘而言，在与北宋《开宝藏》相关的版本当中，七寺本更接近于《开宝藏》原版，在唐代抄本体系中由于细字双行内容与现行版本的差异较大，且原件模糊难以辨认，所以不将金刚寺本和檀王本作为校本，最后由于礼佛文本收录的《往生礼赞偈》版本并不完整，首页有大段缺失，因此不将其作为校本。综上所述，将七寺本与国内通行本《善导大师全集》中的《往生礼赞偈》做比对，相对来说是比较合适的。现以国内岳麓书社《善导大师全集》中收录的《往生礼赞偈》为底本（以下简称为国内版），以日本七寺藏一切经本《集诸经礼忏仪》卷下收录内容为校本（以下简称为七寺本），按照行文顺序将异文记录如下。

此处《往生礼赞偈》异文，除仍然延续上两部"惠"与"慧"、"稀"与"希"、"回"与"廻"、"克"与"尅"、"华"与"花"等同字异写情况之外，还有如下不同。

---

① 《开宝藏》北宋初年官方刻印大藏经，又称蜀版藏经。

1. 国内版：唯欲相续系心。（P473）

七寺本：唯欲相续保心。

2. 国内版：远沾遐代耳。（P473）

七寺本：速沾遐代耳。

3. 国内版：谨依《大经》释迦及十方诸佛赞叹弥陀十二光明。（P473）

七寺本：释迦及十方诸佛赞叹弥陀十二光明。

4. 国内版：谨依《大经》。（P473）

七寺本：谨依《大乘经》。

5. 国内版：二十四拜，当初夜时礼。（P473）

七寺本：二十三拜，当初夜时礼。

6. 国内版：二十一拜，当晨朝时礼。（P474）

七寺本：二十二拜，当辰朝时礼。

7. 国内版：沙门善导《愿往生礼赞偈》，谨依十六观作。（P474）

七寺本：僧善导《愿往生礼赞偈》，依十六观作。

8. 国内版：如《观经》说者：具三心必得往生。（P474）

七寺本：如《观经》说：先具三心必得往生。

9. 国内版：及称名号，下至十声、一声等。（P474）

七寺本：及愿称名号，下至十声闻。

10. 国内版：又如天亲《净土论》云："若有愿生彼国者，劝修五念门，五门若具，定得往生，何者为五？"（P475）

七寺本：又如天亲《净土论》云："若得往生，何者为五？"

11. 国内版：所谓专意念。（P475）

七寺本：所谓专念。

12. 国内版：四者作愿门。（P476）

七寺本：四者唯愿门。

13. 国内版：若自作善根，及一切三乘、五道。（P476）

七寺本：自作善根，及一切三乘、五乘道。

14. 国内版：深生随喜。（P476）

七寺本：深坐随喜。

15. 国内版：一者恭敬修，所谓恭敬礼拜彼佛。（P476）

七寺本：一者恭敬修，恭敬礼拜彼佛。

16. 国内版：专赞彼佛及一切圣众等。（P477）

七寺本：专赞彼佛及一切圣众生等。

17. 国内版：又如《文殊般若》云："明一行三昧。"（P478）

七寺本：又如《文殊般若》云："欲明一切昧。"

18. 国内版：乘何大道理也。（P478）

七寺本：乘何大道现也。

19. 国内版：又如《观经》云："佛劝坐观。"（P478）

七寺本：又如《观经》云："行观坐观。"

20. 国内版：故必有事碍。（P479）

七寺本：故必有事等。

21. 国内版：然弥陀世尊。（P479）

七寺本：然弥陀尊。

22. 国内版：千时稀得三五。（P479）

七寺本：千时稀得五三。

23. 国内版：乃由杂缘乱动失正念故。（P479）

七寺本：乃由杂缘乱动失念故。

24. 国内版：上在一形。（P480）

　　七寺本：止在一形。

25. 国内版：长时永劫。（P480）

　　七寺本：长时求劫。

26. 国内版：不经生死。（P480）

　　七寺本：不遥生死。

27. 国内版：谨依《大经》，释迦佛劝礼赞阿弥陀佛十二光明。
（P481）

　　七寺本：佛劝礼赞阿弥陀佛十二光明。

28. 国内版：南无十方三世尽虚空遍法界微尘刹土中一切三宝。
（P481）

　　七寺本：南无十方世尽虚空遍法界微尘刹土中一切三宝。

29. 国内版：答曰：“《弥陀经》及《观经》云。”（P482）

　　七寺本：答曰：“《阿弥陀经》及《观经》云。”

30. 国内版：故名阿弥陀。（P482）

　　七寺本：故名阿弥陀佛。

31. 国内版：咸共叹誉。（P483）

　　七寺本：盛苦叹誉。

32. 从《往生礼赞偈》赞文部分开始，可以看出来这里有一些明显的
区别。第一个是断句问题，国内版的断句都是以“南无”两字开头的三句
式，但是七寺本是“南无西方　极乐世界　无量光佛　愿共众生咸归命
故我顶礼生彼国”的四句式，体现出明显区别。

33. 国内版：到彼国已。（P489）

　　七寺本：到彼已。

34. 国内版：入十方界。（P489）

七寺本：回向入十方界。

35. 国内版：各诵六念。（P490）

七寺本：各记云念。

36. 国内版：采华置日中。（P490）

七寺本：采华置日里。

37. 国内版：沙门善导谨依《大经》。（P491）

七寺本：比丘善导谨依《大乘经》。

38. "南无至心归命礼西方阿弥陀佛……往生安乐国　南无"① 这一部分在七寺本当中缺失。且从初夜礼赞开始，每一组以"至心归命礼西方阿弥陀佛"为开头以及"愿共诸众生　往生安乐国"的赞偈为结尾，国内通行本在每一句的开头之前都多了"南无"两个字，而七寺本是没有的。关于这一点，上杉智英解释为：由于日本流传本受到了日本净土宗的影响，而目前国内通行本又以《大正藏》为底本，所以有"南无"两个字并不奇怪。在初夜礼赞末尾，除去"南无"部分，七寺本的"至心归命礼西方阿弥陀佛观世音菩萨"与国内通行本的"至心归命礼西方极乐世界观世音菩萨"也有明显区别，在偈赞部分最后的日中礼赞部分，七寺本将"极乐世界"写成了"阿弥陀佛"，这两部分分别对应了六时的第一次序和最后次序，如若从次序的角度解释似乎也有其合理成分，但是据其他次序中仍然表述为"极乐世界"的情况，也可以推测为七寺本抄写时出现了抄写错误。

39. 国内版：谨依彦琮法师《愿往生礼赞偈》；二十一拜。（P513）

七寺本：谨依彦琮法师《愿往生礼赞偈》；二十二拜。

---

① 释慧净，释净宗．善导大师全集［M］．长春般若寺倡印．长沙：岳麓书社，2012：491．

40. 国内版：即能彻法彻随。（P534）

七寺本：若能彻心随。

41. 国内版：纵使日夜十二时急走。（P534）

七寺本：纵便日夜十二时急走。

42. 国内版：敬白十方诸佛、十二部经、诸大菩萨、一切贤圣。（P535）

七寺本：敬白十方诸佛、十二部经、一切贤圣。

43. 国内版：如是等众罪，大地无边。（P536）

七寺本：如是等众罪，亦如十方，大地无边。

44. 国内版：我等作罪亦无复无数。（P536）

七寺本：我等作罪亦无边无数。

45. 此处从"明无边"开始，七寺本又显示出了明显的不同，依次为"法界无边""法性无边""佛无边"，而国内版本则为"虚空无边""方便无边""法性无边""法界无边""众生无边""三宝无边"。如果将"法界""法性"与"佛"单独提炼出来，寻找其中的联系似乎是比较困难的，而后者"虚空""方便""法性"都可体现在鸠摩罗什翻译的《卢舍那佛说菩萨心地界品》当中。善导曾奉敕造像，似乎后者与善导本人的联系更为密切，出现在此处也更加合理。

46. 国内版：佛眼相看，菩提眷属，作真善知识。（P537）

七寺本：佛眼相看作菩提眷属，真善知识。

47. 国内版：或有睡眠时得见，除不志心。（P538）

七寺本：或有睡眠时得见。

48. 国内版：东方如恒河沙等诸佛，南、西、北方及上、下，一一方如恒河沙等诸佛。（P540）

七寺本：东方如恒河沙等诸佛。

49. 国内版：若七日及一日，下至十声，乃至一声。（P540）

七寺本：若七日及七日及一日，下下至一声，乃至十声。

50. 国内版：次下文云："若称佛往生者。"（P540）

七寺本：次下又云："知称佛往生者。"

在异文校勘的过程中，可以发现七寺本整体内容是比较完整的，甚少出现大段文字缺失的状况。总体而言，与国内现行本《善导大师全集》中的《往生礼赞偈》相较，异文有限，但是在以上词句的表达上，七寺本的内容更加简洁，国内版增字现象突出。

第七章 《般舟赞》研究

第一节 《般舟赞》的书名和书题

关于《般舟赞》的书名，也如前文几部一样，有首题、尾题、具名、简称几种说法。日本《新纂净土宗大辞典》中记载的本书具名为"依观经等明般舟三昧行道往生赞"，这也是《般舟赞》的首题，日本僧人良忠的《般舟赞私记》① 对于书名的介绍也与之一致。

2011 年日本佛教大学出版的《净土教典籍目录》中还有："依观经等明般舟三昧行道往生赞经、依观经显般舟三昧经、般舟三昧行道往生赞、观经等明般舟三昧行道往生赞、般舟行道赞、般舟生赞"② 等不同的书名。其中"般舟三昧行道往生赞"是《般舟赞》的尾题，《般舟赞》是简称。

《般舟赞》的书名、书题，目前存在的最大争议之处，在于具名的末尾是否有"经"这一字。齐藤隆信将《观念法门》与《般舟赞》的首尾

---

① 净土宗典刊行会. 净土宗全书：第 4 卷［M］. 1928：548.
② 日本佛教大学综合研究所. 净土教典籍目录［M］. 北海道：凸版印刷株式会社，2011：195.

题研究进行了类比，认为"依观经等明般舟三昧往生赞经"这个名称是自8世纪《般舟赞》传到日本时就有记录的，比照《观念法门》的具名来看，是符合善导本意的，因此应当不会是在流传的过程中后人的改动，有"经"字的记录是比较可信的。

近代日本对于《般舟赞》书名的记录，也主要围绕以上的名称而稍有变化，例如足利宣正的《净土真宗网要》记录的名称为《依观经等明般舟三昧行道往生赞》，滨口惠璋的《善导大师鑽仰》记录为《依观经等明般舟三昧行道往生礼赞》，这显然是在流传过程中产生的增字现象。

国内对于《般舟赞》的书名记录同日本净土宗是基本一致的，但是书名末尾基本没有"经"字，仍是以"依观经等明般舟三昧行道往生赞"作为《般舟赞》的书名。

第二节　《般舟赞》传入日本的情况

《般舟赞》在日本的最初流传，可以追溯到日本奈良时期的天平二十年（748）。日本正仓院写经文书《大日本古文书》记载了部分与《般舟赞》相符合的名目，对此中井真孝、山崎真纯、齐藤隆信在其论文或著作中都有记述，现将这条《般舟赞》的记录摘录如下。

标题为《依观经等明般舟三昧往生赞经》一卷本信息：

天平二十年（748）八月四日付经律奉请帐

但是这并不足以成为《般舟赞》最早传播到日本时间的确凿依据，只能说这是目前能够找到的最早的依据。除却这一记录是最早传入依据的说法，还有不少日本学者持"《般舟赞》是由玄昉传入"的观点，持这一观点的基本都是早期的学者，例如日本的高濑承严认为《般舟赞》是天平七年（735）由玄昉请来的。

除上述记载，日本平安后期的七寺藏《古圣经目录》中也记载了《般舟赞》流入的类似记录——"依观经显般舟三昧经一卷"。这条记录所显示的书目名称与《般舟赞》的具名重合度比较高，但是这条目录也因其被记录在与密教相关的位置而存疑，但是经过仔细甄别，这条记录也应当是《般舟赞》的书名之一。

中井真孝持有的关于《般舟赞》流入日本的观点，与上文所说的不同，他认为《般舟赞》是承和六年（839）由圆行传入日本的，所依据的材料是日本的《血脉传来钞》，其中指出《观念法门》和《般舟赞》是在日本仁明天皇的御宇承和六年己未十二月十九日由圆行请来的。这也是目前能够找到的与《般舟赞》相关的日本唯一记录。

第三节　内容结构分析

《般舟赞》大体的内容结构可以分为三个部分。关于分类的问题，笔者分别查阅了中日相关资料后发现，中日关于此书的内容结构分法基本一致。《般舟赞》整体可由前序文、正赞、后序文三个部分构成。

第一部分前序文，整体内容简短，开篇即说明往生净土的要门。此书说理面向的主体也同样侧重凡夫，主要起到告诫作用。值得注意的是，这里比较详细地解释了本书的"般舟三昧乐"的含义。"般舟"是常行之道，"三昧"即定心之意，这两者若能够做到，就能从中得其"乐"，此处明确阐述了立定见佛之意。由于"般舟三昧乐"在正赞当中频繁出现，这里也可以理解为是为"正赞"所做的铺垫，因此将这部分称作前序文是较为合适的分类。

　　第二部分正赞，这是占《般舟赞》全文篇幅最多的部分。以"般舟三昧乐"开头的偈赞，有大小三十几处，句子都比较简短。上句以"愿往生"结尾，下句以"无量乐"作为收尾。善导首先明确了现世的世人所受苦难和释迦出世传教的背景，举例说明了净土法门中的渐顿二教实施起来最后都要回到专称佛名这一往生净土的步骤上来，由此提出了他思想的中心和重点。只要专心称念佛名就可以不退转，往生净土之后就可功德无量，这是最适合众生也是最适合凡夫的方法。此后善导又列举了往生净土之后所能见到的种种庄严宝相，以此来劝勉众生一定要专心修行，修行的方法除了称念佛名，还要时时忏悔、安心定心。正赞的中后部分，善导从正反两方面来举例，正面还是说明了往生净土的种种好处，告诫众生要乘依弥陀本愿不要怀疑，反面举例则描述了地狱的种种悲惨景象，意在告诫众人一定要选择正确的道路往生净土。最后善导为五逆谤法的罪人也点明了他们可以往生的希望之路。正赞部分其实与《观念法门》的大体内容比较相像，因此很可能这两部书撰写的时间是比较相近或同时的，为善导在同一阶段创作出的作品。

　　第三部分后序文，这一部分同样比较简短，可以看作对前面大段偈赞核心思想的一个总结，以此告诫众生一定要对往生弥陀净土专心专念，深信不疑，比较强调"信"字。

第四节 版本考证

一、日本流传《般舟赞》单行本写本情况

表7.1 日本《般舟赞》单行写本

序号	时间	版本	卷数	收藏单位	书写者、卷名以及刊记
（1）	年代不详时代较早	零本草本	不明	日本仁和寺建保五年（1218）被传出发现	书写者与刊记不详被称为仁和寺根本书
（2）	镰仓初期	手抄本	零本残缺	日本金刚寺藏本	书写者不明无刊记具有与其他写本不同的特征
（3）	镰仓初期建历三年（1213）		一卷	京都寺町誓愿寺藏本	书写者不明无刊记

注解：

（1）该版本推测为镰仓时期或者早于镰仓时期出现。

二、日本流传《般舟赞》单行本刊本情况

表7.2 日本《般舟赞》单行刊本

序号	时间	版本	卷数	收藏单位	书写者以及刊记
（1）	镰仓初期贞永元年（1232）	入真版（初刊）	一卷	日本京都市日本富冈益太郎	介绍及刊记见注解

续表

序号	时间	版本	卷数	收藏单位	书写者以及刊记
（2）	镰仓初期		一卷	日本高田专修寺	不详
（3）	镰仓中期		一卷	日本京都大学	不详
（4）	镰仓中期		一卷	大东急记念文库	不详
（5）	镰仓中期		一卷	久原文库	书写者不详 无刊记
（6）	镰仓时期		一卷	大谷大学	不详
（7）	镰仓后期 正安二年 （1302）	知真版	一卷	东洋文库	刊记见注解
（8）	镰仓后期 正安四年 （1304）	知真版	一卷	东洋文库	释知真 覆贞永元年刊本
（9）	江户时期 明历二年 （1656）		一卷	日本佛教大学	不详
（10）	江户时期 明历二年 （1656）	新版 重校	一卷	日本新潟大学 佐野文库	京都丁子屋九郎右卫门 重印 刊记不详
（11）	江户时期 万治二年 （1659）		一卷	日本佛教大学	吉田庄左卫门
（12）	江户时期 宽文七年 （1667）		一卷	刈谷市中央图书馆 村上文库	不详

序号	时间	版本	卷数	收藏单位	书写者以及刊记
（13）	江户时期宽文七年（1667）	后印本	一卷	日本实践女子高桥良政文库	京都丁子屋三郎兵卫刊记不详
（14）	江户时期元禄六年（1693）	刊鳌头本	一卷	日本千叶县立中央图书馆（堀田正恒伯爵文库）	印记堀田氏藏书之印
（15）	江户时期元禄六年（1693）	支那撰述	一卷	不详	书写者不详内有元禄六年题跋
	江户时期元禄六年（1693）		一卷	不详	泽田吉左卫门 华顶山 丰田熊太郎（弘通）内有元禄六年题跋
	江户时期元禄六年（1693）	支那撰述刊本良仰本	一卷	不详	内含良仰、元禄 1693 年题跋
	江户时期元禄六年（1693）		一卷	不详	村上勘兵卫河南四郎右卫门内含元禄六年（1693）跋
（16）	江户时期元禄七年（1694）	袋缀本义山版	一卷	日本佛教大学	不详
	江户时期元禄七年（1694）	袋缀本义山版	一卷	不详	村上勘兵卫西村九郎右卫门中野小左卫门中野宗左卫门
（17）	江户时期享保二十年（1735）		一卷	日本佛教大学	今井七郎兵卫井上忠兵卫等

续表

序号	时间	版本	卷数	收藏单位	书写者以及刊记
（18）	江户中后期 时间不明		一卷	不详	不详
（19）	江户后期 时间不明	新版 重校	一卷	不详	丁子屋九郎右卫门 刊记不详
（20）	幕府末年 明治时期	支那 撰述	一卷	不详	藤井文政堂 山城屋左兵卫
（21）	时间不明		一卷	日本真福寺	不详
（22）	时间不明	影照本	一册	日本东洋文库	东洋文库藏刊本影照

注解：

（1）藤堂恭俊的论文①记录了该刊记，涉及的是贞永元年（1232）《般舟赞》在日本的开版，我们可以大致梳理出整件事情的脉络，《般舟赞》在流传之初并没有经日本净土宗创始者法然之手，由于流传时间短、文字没有很好地统一，在最开始传抄的过程中即产生了大量的错误。针对这一情况，法然门下弟子幸西②的徒弟明信③，从日本入宋，想要找到合适的版本与日本流传的本子校对，但是并没有找到可以利用的本子，后来又参考了日本僧人圆行请来的版本，仍然没有能够达到明信的预期。宽喜二年（1230）明信决心修正文义，但是还未完成就去世了，后来他的同门入真继承遗志，完成了《般舟赞》于贞永元年的开版。

刊记最后的落款为"释子人真"，经藤堂恭俊考证，该说法是错误的，应为"入真"。

（2）此版本为日本亲鸾上人御加点本。

（7）刊记原文：夫弘安年中行円上人承：勅愿之旨，被开一切经之印板而正安第二之历，林钟下旬之天不终大功遂归空寂，今年依迎第三回之忌辰，知真为谢彼恩德三部之妙典，五部之要义，抽恩棘开印板，是偏所备彼追贲也。虽弘一部于秽界之云，期再会于净刹之月而已。愿以此功德平等施一切，同発菩提心，往生安乐国。正安四年壬寅六月二十一日沙门知真。

---

① 藤堂恭俊.わが国に遗存する唐・宋代净土教典籍を中心とした日中交涉の资料八题 [A] //佛教大学历史研究会. 鹰陵史学 [M] .1979：128.

② 幸西：镰仓时代净土宗僧人。

③ 明信：幸西的弟子，镰仓时代僧人，生卒年不详。

三、日本流传《般舟赞》合订本刊本情况

表7.3　日本《般舟赞》合订刊本

时间	序号	书名	著录	收藏单位	书写者以及刊记
(1)	江户时期 明历二年 (1656)	《善导大师著述集》9卷本	第七册	日本东北大学 日本中央大学 日本千叶县立 中央图书馆	京都丁子屋九郎 右卫门 重刊本
(2)	江户时期 宽文二年 (1662)	无书签 书名不详	和刻本	不详	宽文二年壬寅 中春吉日丁子屋 长兵卫校行
(3)	江户时期 元禄六年 (1693)	《善导五部》	刊本 一册	日本东京大学 西山文库	京都河南四郎右 卫门村上勘兵卫
(4)	江户时期 元禄七年 (1694)	《善导大师著述集》 十卷本	刻本	日本实践女子 大学 山岸文库	书林采贤堂刻本 玄向律寺享子· 仁兴旧藏
(5)	江户时期 具体时间 不明	《五部九卷要文. 二藏二教略颂合帙》	刻本	不详	三缘山藏版、酉 山堂总兵卫制本 刊记见注解
(6)	江户时期 元禄八年 (1695)	(四声句読) 《五部九卷要文·二藏二教略颂合帙》	和大本	不详	华顶山藏本 元禄八年乙亥仲 夏初刻 明治三年庚午□ 春再刻
(7)	江户时期 嘉永元年 (1848)	(四声句読) 《五部九卷要文·二藏二教略颂合帙》	和大本	うたたね文库 (日本歌德文 库)	绿山大众文库

续表

时间	序号	书名	著录	收藏单位	书写者以及刊记
江户时期 嘉永元年 （1848）		《五部九卷要 文·二藏二教 略颂合帙》	和大本	日本实践女子 大学	书林采贤堂刻本
	(8)	江户后期 时间不详	《七祖圣教》 和刻本	日本中央大学	不详
	(9)	明治九年 （1876）	《七祖圣教》 释阙名 辑 重印本	日本东京大学	嘉永二年（1849） 日本 释 阙 名 辑， 京都丁子屋平兵 卫等刊 明治九年 （1876） 京都西村空华堂 丁子屋九郎右卫 门印本
	(10)	明治中期 时间不详	《善导大师著述 集》9 卷 元禄七年 重刊本 一卷	日本千叶县立 中央图书馆藏	京都松柏堂出云 寺文治郎 重印
	(11)	明治三十六年 （1903）	《真宗圣教 大 全：在家宝鉴》 中卷	日本国立国会 图书馆	横川凑文堂 横川藤太郎编
	(12)	明治三十八年 至大正元年 （1905— 1912）	《靖国纪念大日 本续藏经》 第一辑 第二编乙 支那撰述 礼忏部	日本东北大学 日本东洋文库	前田慧云编 藏经书院出版
	(13)	昭和三年 （1928）	《净土宗全书》 第四卷 第二辑 震旦祖释三 上下两卷全	日本帝国图书 馆藏 （现为日本国 立国会图书 馆） 日本东北大学	净土宗典刊行 会编 净土宗典刊行会 出版

时间	序号	书名	著录	收藏单位	书写者以及刊记
		《善导和尚集》	活字版 行仪分一卷	日本立命馆大学 日本爱媛大学 日本中央大学 日本东洋文库	柴田玄凤等编 日本东京净土宗务所出版 刊记不详
（14）	昭和五年 （1930）	《善导和尚集》	排印本 一册	日本爱媛大学	柴田玄凤等编 日本东京净土宗务所出版 刊记不详
	昭和五年 （1930）	《善导和尚集》	铅印本 一册	日本东京大学 日本国立国会图书馆	柴田玄凤等编 日本东京净土宗务所出版 刊记不详
（15）	大正十三年 （1924）至 昭和十五年 （1940）	《大正新修大藏经》	第四十七卷 诸宗部四 一册	日本东北大学	高楠顺次郎编 东京大正一切经刊行会出版
（16）	大正十三年 （1924）至 昭和十六年 （1941）	《大正新修大藏经八十五卷》 《别卷图像十二卷》	排印及 影印本	日本一桥大学	东京大正一切经刊行会及大藏出版株式会社
（17）	昭和十三年 （1940）	《真宗圣教全书》	第一册 三经七祖 一九	日本东北大学	真宗圣教全书编纂所编 与教书院出版 无刊记
（18）	1976 年	《卍续藏经》	第一百二 十八册 影印本	日本京大人文研究所	台北新文丰出版公司 用藏经书院版本影印

续表

时间	序号	书名	著录	收藏单位	书写者以及刊记
（19）	1992 年	《净土真宗圣典七祖篇（原典版）》	不详	不详	净土真宗圣典编纂委员会
	1996 年	《净土真宗圣典七祖篇》（注释版）	不详	不详	版本信息同上，在之前版本的基础上加入了注解

注解：

（5）此版本为"四部五卷"要文节选，刊记原文：永德三年癸亥仲冬十四日为听生缀之——镇西末学了誉四十三岁。

今此一本，者师了誉在下总北相马马会祢谈场，永德三年癸亥仲冬之日，为弟子所缀也。弟子辱得彼清书一本，不胜喜泪，遂为酬彼芳思重声□削及声。亲禀师决以传永代者也。于时应永第十九年五月二十五日调功毕——酉誉。

右本者以酉誉上人真笔令摸写巳毕元禄三年九月廿七日——义山谨校。

此版本底本为元禄七年（1694）刊本。

（17）此版本底本为本愿寺版的《七祖圣教》，校本为室町时期写字台文库旧藏刊本、大谷派依用十行本、大正藏本《集诸经礼赞仪》卷下。

（19）此版本底本为高田派专修寺藏镰仓时期刊本，校本为大谷大学藏镰仓时期刊本、室町时期写字台文库旧藏刊本、元禄七年（1694）义山版刊本、本愿寺版《七祖圣教》、高丽版《集诸经礼赞仪》卷下。

四、中国流传《般舟赞》的版本情况

表 7.4　中国《般舟赞》版本

序号	时间	出处	编纂者	发行、出版单位
（1）	2003 年	《善导大师全集》	慧净法师、净宗法师	宣城弘愿寺
（2）	2003 年	《净土宗大典》八	林明珂、中国美编	
（3）	2008 年	《善导大师语录》	高雄净宗学会	高雄净宗学会
（4）	2012 年	《净土文献丛刊：善导大师全集》	释慧净、释净宗	岳麓书社
（5）	2013 年	《云在阁经藏 唐代净土祖师全集》	张景岚编校	九州出版社

附录：古代文献中有关古籍作者的记载

第一节　《净土圣贤录》中的记载

一、《净土圣贤录》概述

历代有关往生事迹的传记颇多，如宋代的遵式、戒珠、王古，明代的莲池都曾做过《往生传》。清代乾隆年间，彭际清有感于前代的《往生传》过于简略和单薄，因而指导其侄子彭希涑撰写了一部集历代《往生传》之大成的著作——《净土圣贤录》。全书共分九卷，"首弥陀，以示立此法门之教主。次观音、势至、文殊、普贤等，以示阐此法门之圣众。次往生比丘僧、尼、王臣、士庶、女人、物类，以示往生净土之四众，共五百余人"①，在第九卷还载有鹦鹉等三物的往生事迹。传后都注明了材料的出处，以便查证。

全书征引文献颇为广博，"自印度《无量寿经》以下诸经论，中国梁、

---

① 释印光.印光法师文钞［M］.张育英，校注.北京：宗教文化出版社，2000：1269.

206

唐、宋、明僧人传等，涉猎百数十部书"①，还收集有方志、正史、文集等相关资料。此外，作者对素风、鹤峰、旅亭、宏通、正琦、净云、澄谷、杲堂、姜昆成、许培秀等人的口述材料也加以采撷。和前代的《往生传》相比，《净土圣贤录》在内容和体例上都有自己鲜明的特色。

1. 收录了显示净土教理以及缘起事由的经论，打破了"凡录往生者，只载支那著述，至经论所明净教缘起，多从阙略，譬之治河不由积石，导江不自岷山，既昧其原，其流将壅"②的缺点，对阿弥陀佛、观世音菩萨、大势至菩萨、普贤菩萨、文殊菩萨的事迹均有记载，以兼容并收为原则，"西天诸祖，及诸论师，即不尽著往生之验，而既登果地，岂局东西，凡诸议论，有关斯教者，亦并著之，广资劝诱云尔"③。

2. 对《华严经·入法界品》中由念佛而得解脱的人物，如德云比丘、解脱长者等，因其不是专修西方极乐净土的，"事属通途，不专一刹，理周法界，匪局西方"，故"概略其文"，对这些人的事迹不作详细记载。

3. 针对"历代《僧人传》《佛祖统纪》《佛祖通载》诸书，但载诸师事迹，而议论激扬，概从简弃；《云栖往生集》，又唯标事验，行实罕详，遂可合张李为一身，涵淄渑而同味，览未及终，倦而思卧者"④的缺点，《净土圣贤录》不仅对往生者的事迹有所说明，而且还用大量的笔墨记述了往生者主要的净土理念，以"该罗细行，圆具全身，综贯千章，独标警策"为纲领，收录了"智者《十疑论》，紫阁《宝王论》，永明《万寿同

---

① 望月信亨. 中国净土教理史［M］. 释印海，译. 中国佛教文化研究所倡印，1995：273.

② 彭希涑. 净土圣贤录［A］//藏经书院. 新纂续藏经：第135册［M］. 台北：台北新文丰出版社，1995.

③ 彭希涑. 净土圣贤录［A］//藏经书院. 新纂续藏经：第135册［M］. 台北：台北新文丰出版社，1995.

④ 彭希涑. 净土圣贤录［A］//藏经书院. 新纂续藏经：第135册［M］. 台北：台北新文丰出版社，1995.

归》，虎溪《莲宗宝鉴》，天如《或问》，鄞江《直指》，西斋《净土诗》，云栖《法汇》，截流《警语》，以及方内诸公种种论述"①。

4. 针对"向之录往生者，必著事验，验无闻，遂多阙漏"的问题，彭际清提出了"但自净心，往生何待"的论点，并引用《楞严经》云"若飞心中兼福兼慧，自然心开，见十方佛，一切净土，随愿往生"作为证明。在《圣贤录》里收录了紫阁、天衣、中峰、天如、妙叶、空谷、憨山、陈莹中、冯济川等人的传略，这些人虽然没有往生事验的明确记载，但他们"密因有在，正果非虚，撒手便行，不移跬步，何待临终十念，始能决定往生"②。

5. 过去的《往生传》一般只收"吉祥善逝"者的往生事迹，对于"损躯舍命"者的事迹，往往不加收录。《净土圣贤录》则打破了这一陋习，收录了"为法捐躯"的静蔼、"忘身济物"的常愍等人的事迹，因为这些人的行径，"只应随学，讵可轻排"。

6. 因为"从上诸家纪述，繁简不齐，雅俗并奏，不经甄别，难免淆讹"③，所以《净土圣贤录》作者的做法是"斟酌旧文，参稽往牒，加之润饰，就我准绳，要于本旨初无乖剌"④，并且对引用的书目都做了标注，以备查证。

7. 净土宗书籍在提到古代僧人大德之时，一概以"师"称之。而在《僧人传》里，凡是属于两个字的名字，只举出一个字，如称慧命为

---

① 彭希涑. 净土圣贤录 [A] //藏经书院. 新纂续藏经：第 135 册 [M]. 台北：台北新文丰出版社，1995.

② 彭希涑. 净土圣贤录 [A] //藏经书院. 新纂续藏经：第 135 册 [M]. 台北：台北新文丰出版社，1995.

③ 彭希涑. 净土圣贤录 [A] //藏经书院. 新纂续藏经：第 135 册 [M]. 台北：台北新文丰出版社，1995.

④ 彭希涑. 净土圣贤录 [A] //藏经书院. 新纂续藏经：第 135 册 [M]. 台北：台北新文丰出版社，1995.

"命"。《净土圣贤录》中收录有佛菩萨、宰官、居士的传记,"若不书名,颇难合辙",因此对于出家男女二众,彭际清依照《僧人传》的形式,"但书一字",而对于在家的居士,则"准前史例,仍书二名"。

8. 删除了一些往生不实者的事略。经过彭际清叔侄的考证,周续之、白乐天、苏子瞻、张一觉等人都没有往生西方净土,故在《净土圣贤录》里删去了这些人的事迹。

9. 在收录往生者事迹时,不计较往生者的"既往之失",只要临终能够发愿回向西方极乐世界的,即便是恶人,也能够下品下生,"便预圣流",因此在收录往生行人时,范围很广,连钟馗、张善和等人的往生事迹也进行了收录。

《净土圣贤录》是彭希涑在彭际清的指导下完成的。彭希涑是彭际清的侄子,字乐园,又号兰台,年二十六岁为诸生,后因病发心诵《华严经》,日课佛名,求生净土,曾有《回向诗》十首以述其志。本来,彭际清想亲自做一部《往生传》,但因"日力仓猝",没有完成。正巧其侄彭希涑"初发信心,愿成此录,以坚向往"①,故彭际清便指导彭希涑完成了这部著述。另据日本学者望月信亨考证,《净土圣贤录》是彭希涑和其妻子顾氏共同完成的②,而彭际清对这部书的内容进行了严格的把关,"每一篇成,辄为随手勘定,全帙既具,大旨无乖"③。可见,《净土圣贤录》包含了彭希涑、彭际清和顾氏三人的共同心血。

《净土圣贤录》成书以后,彭际清在"乾隆四十八年(1783)春正月"为之作序。序文较长,主要论述了净土宗与"践形"的关系,阐明了

---

① 彭际清. 一行居集 [M]. 福建莆田广化寺印,1992:50.

② 望月信亨. 中国净土教理史 [M]. 释印海,译. 中国佛教文化研究所倡印,1995:272.

③ 彭希涑. 净土圣贤录 [A]//藏经书院. 新纂续藏经:第135册 [M]. 台北:台北新文丰出版社,1995.

心土不二、天性形色不二的道理，是站在华严宗圆融的立场来看待净土践形之说的。在序中，彭氏还对《净土圣贤录》的创作缘由及其价值做了说明：

> 际清素服儒风，兼修净行，常欲荟萃旧闻，用资警策。而日力仓猝，因循至今，会兄子希涑，初发信心，愿成此录，以坚向往。因为标指体要，载稽经论，次支那著述，续以耳目所及，斟酌损益，勒成一编，名之曰《净土圣贤录》。庶几见闻随喜，得预法流，一念归诚，同登彼岸，岂不善哉。诗有之，缗蛮黄鸟，止于丘隅。夫净土，亦圣贤之丘隅也。随其心净，则佛土净，得所止矣。①

《净土圣贤录》堪称同类作品中的杰作，望月信亨称其为“集净土往生传之大成，为世人之所重视”②。林克智评价它“是集历代各种往生传大成之巨者”③。

《净土圣贤录》成书之后，在佛教界广为流通，版本颇多。《新纂续藏经》在第 135 册中收录了本书，可称“续藏本”。彭际清在清乾隆四十八年（1783）刊刻有“二林居刊本”，但该本已不易见到，唯有孙殿起的《贩书偶记》中著录有该本的名称。此外，印光法师曾于民国二十二年（1933）将本书与其续编、三编一起合刊流通，可称为“弘化社流通本”。

二、《净土圣贤录》中关于善导的记载

在《净土圣贤录》第二卷中，记录有唐代善导的事迹如下。

---

① 彭际清. 一行居集［M］. 福建莆田广化寺印，1992：51.
② 望月信亨. 中国净土教理史［M］. 释印海，译. 中国佛教文化研究所倡印，273.
③ 林克智著. 通向极乐之路［M］. 北京：宗教文化出版社，2004：274.

"善导，不详其所出。贞观中，见西河绰禅师净土九品道场，喜曰：'此真入佛之津要。修余行业，迂僻难成，唯此法门，速超生死。'于是勤笃精苦，昼夜礼诵。旋至京师，激发四众。每入室，长跪唱佛，非力竭不休。出，则演说净土法门。三十余年，未尝睡眠。

"护持戒品，纤毫不犯。好食供众，粗恶自奉。所有嚫（chèn）施，用写阿弥陀经十万余卷，画净土变相三百壁，修营塔寺，然灯续明（燃光明灯供佛照明）。道俗从其化者甚众，有诵弥陀经十万至五十万遍者，有日课佛名自一万至十万者。其间得三昧，生净土者，不可纪述。

"或问：'念佛生净土耶。'导曰：'如汝所念，遂汝所愿。'乃自念一声，有一光明从其口出；十至于百，光亦如之。

"其劝世偈曰：'渐渐鸡皮鹤发，看看行步龙钟。假饶金玉满堂，岂免衰残病苦？任汝千般快乐，无常终是到来。唯有径路修行，但念阿弥陀佛。'

"或问：'何故不令人作观，直遣专称名号耶？'答曰：'众生障重，境细心粗，识飏神飞，观难成就。是以大圣悲怜，直劝专称名字。正由称名易故，相续即生，即得往生西方极乐世界。若能念念相续，毕命为期者，十即十生，百即百生。何以故？无外杂缘，得正念故；与佛本愿相应故；不违教故；顺佛语故。"

（注：念佛法门有四种念佛方法：一、持名念佛，一心称念佛之名号；二、观像念佛，观看佛像，口称佛名；三、观想念佛，一心观想佛之相好庄严；四、实相念佛，一心观佛之法身实相。）

"若舍专念，修杂业者，百中希得一二，千中希得三四。何以故？由杂缘乱动，失正念故；与佛本愿不相应故；与教相违故；不顺佛语故；系念不相续故；心不续念报佛恩故；虽作业行，常与名利相应故；乐近杂缘，自障障他往生正行故。

"'比见诸方道俗，解行不同，专杂有异。但使专意作者，十即十生。修杂不至心者，千中无一。愿一切人等，善自思惟，行住坐卧，必须厉心克己，昼夜莫废，毕命为期。前念命终，后念即生，长时永劫，受无为法乐，乃至成佛，岂不快哉！'

"又作临终正念文曰：'凡人临终欲生净土者，须是不得怕死。常念此身多苦，不净恶缘，种种交缠。若得舍此秽身，超生净土，受无量快乐，解脱生死苦趣，乃是称意之事。如脱弊衣，得换珍服。'

"放下身心，莫生恋著。才遇有病，便念无常，一心待死。须嘱家人，及问候人，来我前者，为我念佛。不得说眼前闲杂之话，家中长短之事。亦不须软语安慰，祝愿安乐，此皆虚华无益。若病重将终，亲属不得垂泪哭泣，及发嗟叹懊恨声，惑乱心神，失其正念。但教记取阿弥陀佛，守令气尽。

"'若得明解净土之人，频来策励，极为大幸。用此法得，决定往生，无疑虑也。死生事大，须是自家著力始得。一念差错，历劫受苦，谁人相代？思之！思之！'

"导一日忽谓人曰：'此身可厌，吾将西归。'乃登寺前柳树，向西祝曰：'愿佛接我，菩萨助我，令我不失正念，得生安养。'言已，投身而逝。高宗知其神异，赐寺额曰'光明'云。"

第二节　《印光法师文钞》中的记载

一、《印光法师文钞》概述

印光法师（1861—1940）是清末及民国时期本愿净著述的集大成者，

思想受龙树、昙鸾、道绰等人本愿学说的影响，倡导净土法门为"一代时教中之特别法门，不得以通途教理而论"，其代表作是《印光法师文钞》。《印光法师文钞》共分正、续、三编，有100余万字，主体是书信，还包括答问、序言、论、疏、跋、记、赞、偈、颂、题词、楹联、发隐、法语、开示、缘起、说明、启事、附录等内容，基本上囊括了印光法师的全部文稿。印光法师最早是在《佛学丛报》上公开发表文章的。在《与高鹤年居士书一》中，印光法师记述了高鹤年求稿、自己发稿的经过：

光幼失问学，长无所知。只因久居普陀，每有命其代表者，略录一二以自备览。去秋蒙阁下（指高鹤年）携至上洋，录出四论，以登丛报。窃思丛报，乃诸大居士吹大法螺，击大法鼓，其义理洪深，若天高地厚。其文词妙丽，如玉振金声。光文列中，何异掷瓦砾于珠林，布荆棘于琼苑，徒刺雅目，无益赏心，惭愧惭愧。根祺师回，又令作论。但以色力尪羸，眼目昏花，欲不奉命，恐负盛情。因将先所支差旧稿，誊写五篇，其体裁语句，鄙陋卑劣。阁下阅之，当发一笑。然彼此相知，或不见怪。至于登报，则恐贻笑于大方家矣。①

在这封书信后附有《觉有情》半月刊编者陈法香的题记，题记云：

按印光大师隐居普陀山，初无人知。高鹤年居士游山，乞其论文四篇。一《净土法门普被三根论》、二《宗教不宜混滥论》、三《佛教以孝为本论》、四《如来随机利生浅近论》，皆登于上海狄平子居士创办之《佛学丛报》。其第一篇，署名常惭，登于《丛报》第九期。系民国三年阳历二月十五日，即民国二年阴历九月初二日（按：阴阳

---

① 释印光. 印光法师文钞［M］. 张育英，校注. 北京：宗教文化出版社，2000：485.

历日，语不可解，恐有误字。）出版。其第二篇，亦署名常惭。第三、第四篇，则署名普陀僧。此三篇，则于《丛报》第十期中登出。此四论文，可谓印光大师初转法轮。从此龙天推出，大放光明矣。承鹤年居士出示右书，未举年份。推书中所云，去秋蒙阁下携至上洋录出四论，以登《丛报》，则右书确为民国三年阴历四月初八日所写。此书至有佛教历史价值，未见于正续文钞，爰付本刊以公诸世。觉有情半月刊编者陈法香识。①

这篇题记有两个问题：一是说《净土法门普被三根论》发表于民国三年阳历二月十五日，即民国二年阴历九月初二日，阴阳二历时间出现了较大的误差（民国三年阳历二月十五日是民国三年阴历正月二十一日），显然是作者笔误。在高鹤年的《印光大师苦行略记》一文中，载有"民国元二年，狄楚青居士发心办佛学报，余至海上，索师文稿编入丛报"②语，可见印光法师的论文发表时间是民国二年而非三年；二是陈法香认为"右书确为民国三年阴历四月初八日所写"（右书即为《与高鹤年居士书》），实际上也不准确。据《中兴净宗印光大师行业记》《印法大师苦行略记》等，印光大师和高鹤年居士会晤，高鹤年带走印光法师论文的时间均为民国元年（1912）。另外，印光法师在"复卓智立"一信中更明确地说"自民国元年，高鹤年居士绐（音dài，欺也）其稿去登《佛学丛报》，彼以光不欲令人知，因用一常惭之名"③。在《与高鹤年居士书一》中有"去秋蒙阁下携至上洋"语，可见该书信的写作时间当为民国二年（1913）而非陈法香所认定的民国三年（1914）。

---

① 释印光．印光法师文钞［M］．张育英，校注．北京：宗教文化出版社，2000：485.
② 高鹤年．印光大师苦行略记［M］//陈海量．印光大师永思集，成都：巴蜀书社，2016：17.
③ 释印光．印光法师文钞［M］．张育英，校注．北京：宗教文化出版社，2000：1090.

印光法师最早是用"常惭""普陀僧"等名字发表文章的，正式以印光为笔名发表文章并结集出版是在民国六年（1917）。"民国六年，徐蔚如得与其友三信，印五千本，名《印光法师信稿》。"① 民国七年（1918），徐蔚如将历年所收印光法师的二十二件文稿结集刊印于北京，名之曰《印光法师文钞》，这便是《文钞》初编的雏形。民国八年（1919），徐蔚如又收录了印光的另外三十八篇文稿完成《文钞》续编，并和周孟由、朱赤萌等人合初、续两篇，接洽商务印书馆，出版了较完善的《文钞》善本：

> 是年（指1919）冬，衔恤南归。南中缁素索阅是书者尤众，爰商之商务印书馆，重付排印，以广流通。复经张君云雷，广为征集。并麝续搜之稿，共增三十四篇。由周孟由、朱赤萌、黄幼希三君，合初、续两编，按类编次。详为校勘，较前两次所印尤完善矣。书成，谨记其缘起如是。庚申仲冬，浙西徐文霨敬识。②

民国十二年（1923）至民国十六年（1927）间，该版本又多次添加内容，由商务印书馆、中华书局等先后增广刊行，是为《印光法师文钞·正编》。

民国二十八年（1939），印光法师应妙真法师的请求，同意将持国寺主持明道法师偷抄的若干文稿付梓，由德森法师主持出版，此为《印光法师文钞·续编》。《续编》增添了念观音益产妇、毒乳杀儿女等内容。在《续编·发刊序》中，印光法师谦称自己"幼失问学，长无所知，文极拙朴，不堪寓目"，但随后又肯定了《续编》的价值：

---

① 释印光．印光法师文钞［M］．张育英，校注．北京：宗教文化出版社，2000：6.
② 释印光．印光法师文钞［M］．张育英，校注．北京：宗教文化出版社，2000：1838.

　　然其所说，皆取佛经祖语之意，而随机简略说之，不敢妄生意见以误人。又加五十余年之阅历，若肯略其文而取其义，不妨作一直指西归之木标。宜致力于西归，勇往直前，勿以木标恶劣，并西归之路程亦不愿视，则竖标归西，两无所憾矣。①

　　印光法师去世后，罗鸿涛居士在《弘化月刊》上征求印光法师之遗稿，经 7 年搜辑，得到文稿 800 余篇。此外，罗鸿涛早年还曾在丁福保居士处见到印光法师文稿 20 余篇，都是《文钞》正、续编所遗漏的。于是，罗鸿涛发心将这些文稿结集在一起收藏，待时出版，是为《印光法师文钞·三编》的雏形。在《印光法师文钞·三编·序》中，罗鸿涛详细地描述了《三编》的收集经过：

　　　其后偶于丁福保居士处，见师手翰二十余通，皆《文钞》正、续两编未收录者。因念遗稿乃法乳所寄，何可任其散佚，谨录存副本，是为搜辑兹编之嚆矢。师西归后，弘化月刊征求遗稿，纷纷应征，所获颇丰。尤以灵岩妙真和尚，杭州修仑法师悉以所存见示。诸方以手迹或副本见贻者，亦不下四五十人。惨淡搜求，计得书牍近七百通，杂文一百三十篇，其篇幅与《增广文钞》不相上下，题曰《文钞第三编》。珍惜藏之，以俟胜缘。果获问世，将大有助净宗之弘扬，与法门之维护。数载钞胥，区区微意，愿将东土三千界，尽种西方九品莲，共沾法益，同登觉岸云尔。公元一九五〇年庚寅十一月初四日，老法师圆寂十周年，私淑弟子上虞罗邕鸿涛顶礼恭序。②

────────────

① 释印光. 印光法师文钞［M］. 张育英，校注. 北京：宗教文化出版社，2000：6.
② 释印光. 印光法师文钞［M］. 张育英，校注. 北京：宗教文化出版社，2000：2.

《三编》于1950年农历十一月初四正式结集成册，由慧容法师楷书抄写，并由妙真法师、德森法师及窦我存居士审阅、校勘。1958年，罗鸿涛将《文钞·三编》重新装订成16册，并目录1册，共17册。但因故该文稿未能及时付梓。后来，罗鸿涛将其赠送给了妙真法师，妙真法师藏之于灵岩山寺藏经楼。"文化大革命"后，频遭破坏的灵岩山寺得以修复。1980年，当时灵岩山的住持明学法师在藏经楼清刻龙藏橱中发现了罗鸿涛所编的《文钞·三编》的文稿，经和圆拙法师商量后，明学法师决定使本书正式流通。1990年，灵岩山为纪念印光去世50周年，先后重印了《文钞·正编》和《文钞·续编》，并首次出版了《文钞·三编》。

《文钞·正编》刚刚出版便受到读者的好评。如梁启超赞之曰："古德弘法，皆觑破时节因缘，应机调伏众生。印光法师，文字三昧，真今日群盲之眼也。"① 弘一法师称它"是阿伽陀，以疗群疢，契理契机，十方宏覆"②。

二、《印光法师文钞》关于善导的记载

《印光法师文钞》中记录了大量关于善导和尚的资料，现列如下。

1. 增广文钞卷一，复永嘉某居士昆季书：善导和尚，系弥陀化身，有大神通，有大智慧。

2. 文钞三编卷三，复温光熹居士书十：善导念佛，口出光明，乃大神通圣人。

3. 增广文钞卷三《观无量寿佛经善导疏重刻序》：弥陀化身，殆非虚传；莲宗二祖，万代景仰。

---

① 释印光. 印光法师文钞［M］. 张育英，校注. 北京：宗教文化出版社，2000：10.
② 释印光. 印光法师文钞［M］. 张育英，校注. 北京：宗教文化出版社，2000：9.

4. 文钞续编下《唐二祖长安光明善导大师赞偈》：

世传师是弥陀现，提倡念佛义周赡。

切诫学者须谦，兼使极力生欣厌。

解宜遍通一切法，行择机理双契干。

念佛出光励会众，所说当作佛说看。

5. 增广文钞卷一，与徐福贤女士书：善导和尚《四帖疏》，净业行者之指南针也。

6. 增广文钞卷三《观无量寿佛经善导疏重刻序》：《善导疏》，契理契机，善说法要。

7. 增广文钞卷一，与徐福贤女士书：台宗《观经疏妙宗钞》，谛理极圆融，中下根人，莫能得益；故不若《四帖疏》之三根普被，利钝均益也。

8. 增广文钞卷一，复永嘉某居士昆季书：善导和尚，系弥陀化身，有大神通，有大智慧。其宏阐净土，不尚玄妙，唯在真切平实处，教人修持。至于所示专杂二修，其利无穷。专修谓身业专礼，口业专称，意业专念；如是则往生西方，万不漏一。

9. 增广文钞卷一，复永嘉某居士昆季书：杂修谓兼修种种法门，回向往生。以心不纯一，故难得益，则百中稀得一二，千中稀得三四往生者。此金口诚言，千古不易之铁案也。

10. 增广文钞卷二，复法海大师书：善导专修，身业专礼，口业专称，意业专念。其证道也，非自力证道之所能比也。

11. 增广文钞卷二《庐山青莲寺结社念佛宣言书》：善导疏《净土三经》，力劝专修。

12. 增广文钞卷二，复崇明黄玉如书：导虽疏《观经》，实最重持名一行。

13. 文钞三编卷二，复沈授人居士书：善导乃弥陀化身，其所示专修，最吃紧。

14. 文钞续编下《莲宗正传跋》：此法乃唐善导和尚所发明，谓平日不念佛者，依此法助念，亦可往生。善导和尚，弥陀化身；是知此法，利益宏深。普愿见闻，咸生正信；辗转劝导，功德无量。

15. 文钞三编卷二，复章缘净居士书三：勿道向来做工夫，即向不做工夫之人，临终果能闻善知识开导，及他人助念，己随之念，其左右眷属善巧将护，不使其起情爱及瞋恨心，皆可往生。

16. 文钞续编下《唐二祖长安光明善导大师赞偈》：师当唐初，各宗盛行。提倡净土惬群情，佛力谁与京。若肯投诚，西方定往生。

17. 文钞续编下《净土经圣贤录序》：善导在长安，少康在新定，念佛之声，盈于道路；其往生者，当不止百千万亿。

18. 文钞三编卷三，复净善居士书二：善导少康，宏扬净宗；闾巷道路，佛声广播。如唱秧歌，人人愿听；如传圣诏，各各遵行。

19. 增广文钞卷一：与康泽师书善导和尚专以平实事相法门，接引末世凡夫；不用观心约教等玄妙法门，其慈悲可谓至极无加矣。

20. 增广文钞卷一，复吴希真居士书一：善导和尚云，"末法众生，神识飞扬，心粗境细，观难成就。是以大圣悲怜，特劝专持名号。以称名易故，相续即生"。诚恐或有不善用心，致入魔境也。

21. 增广文钞卷三《观无量寿经善导疏重刻序》：《善导疏》不用谛观等深意，但直释经文，俾中下根人，易于趣入。

22. 增广文钞卷三《佛化随刊序》：善导法照，特阐莲宗；普令凡夫，同出樊笼。末世众生，断惑匪易；唯此一法，堪为怙恃。

23. 增广文钞卷一，复永嘉某居士书五：善导，弥陀化身也。其所示专修，恐行人心志不定，为余法门之师所夺；历叙初二三四果圣人，及住行向地等觉菩萨，末至十方诸佛，尽虚空、遍法界，现身放光，劝舍净土，为说殊胜妙法，亦不肯受；以最初发愿，专修净土，不敢违其所愿。

参考文献

一、著作：

［1］陈兵，邓子美．二十世纪中国佛教［M］．北京：民族出版社，2000.

［2］汤用彤．汤用彤集［M］．北京：中国社会科学出版社，1995.

［3］黄夏年．杨仁山集［M］．北京：中国社会科学出版社，1995.

［4］汤用彤．隋唐佛教史稿［M］．南京：江苏教育出版社，2007.

［5］印顺．印顺集［M］．北京：中国社会科学出版社，1995.

［6］张曼涛．佛教各宗比较研究［M］．台北：大乘文化出版社，1979.

［7］圣严法师．明末佛教研究［M］．北京：宗教文化出版社，2006.

［8］陈扬炯．中国净土宗通史［M］．南京：江苏古籍出版社，2001.

［9］吴信如．净土奥义［M］．北京：中国藏学出版社，2004.

［10］严耀中．中国东南佛教史［M］．上海：上海人民出版社，2005.

［11］魏磊辑．净宗法语大观［M］．南昌：百花洲文艺出版社，1999.

［12］魏磊．净土宗教程［M］．北京：宗教文化出版社，1998．

［13］林克智．实用净土宗辞典［M］．北京：宗教文化出版社，2007．

［14］望月信亨．中国净土教理史［M］．释印海，译．中国佛教文化研究所倡印，1995．

［15］彭际清．一行居集［M］．福建莆田广化寺印，1992．

［16］林世田．净土宗典籍精华［M］．北京：宗教文化出版社，1999．

［17］印光法师．印光大师说净土［M］．北京：宗教文化出版社，2006．

［18］潘桂明．中国居士佛教史［M］．北京：中国社会科学出版社，2000．

［19］释印光．印光法师文钞［M］．张育英，校注．北京：宗教文化出版社，2000．

［20］李淼．中国净土宗大全［M］．长春：长春出版社，1996．

［21］林克智．观想念佛浅讲［M］．北京：宗教文化出版社，2006．

［22］林克智．通向极乐之路［M］．北京：宗教文化出版社，2004．

［23］李净通．印光大师文钞精华录［M］．上海：上海佛学书局，2000．

［24］明清佛教史篇［A］//张曼涛．中国佛教史论集：六［M］．台北：大乘文化出版社，1977．

［25］杜继文，魏道儒．中国禅宗通史［M］．南京：江苏古籍出版社，1995．

［26］洪修平．中国禅学思想史纲［M］．南京：南京大学出版

社，1996.

[27] 汤用彤. 汉魏两晋南北朝佛教史 ［M］. 北京：北京大学出版社，1997.

[28] 魏道儒. 中国华严宗通史 ［M］. 南京：江苏古籍出版社，1998.

[29] 牟钟鉴，张践. 中国宗教通史 ［M］. 北京：社会科学文献出版社，2000.

[30] 吕澂. 印度佛学源流 ［M］. 上海：上海人民出版社，2002.

[31] 吕澂. 中国佛学源流略讲 ［M］. 北京：中华书局，1979.

[32] 麻天祥. 佛学与人生——近代思想家的佛学思想 ［M］. 郑州：中州古籍出版社，1993.

[33] 潘富恩. 中国学术名著提要·哲学卷 ［M］. 上海：复旦大学出版社，1996.

[34] 陈士强. 中国学术名著提要·宗教卷 ［M］. 上海：复旦大学出版社，1997.

[35] 任继愈. 中国佛教史 ［M］. 北京：中国社会科学出版社，1981.

[36] 侯外庐，邱汉生，张岂之，等. 宋明理学史 ［M］. 北京：人民出版社，1997.

[37] 释弘学. 净土探微 ［M］. 成都：巴蜀书社，1999.

[38] 刘保金. 中国佛典通论 ［M］. 石家庄：河北教育出版社，1997.

[39] 郭朋. 中国佛教简史 ［M］. 福州：福建人民出版社，1990.

[40] 黄夏年. 欧阳竟无集 ［M］. 北京：中国社会科学出版

社，1995.

［41］雍正．御选语录［M］．北京：中国社会科学出版社，2004.

［42］杨曾文．宋元禅宗史［M］．北京：中国社会科学出版社，2006.

［43］顾伟康．禅净合一流略［M］．台北：东大图书公司，1997.

［44］张曼涛．净土宗史论［M］．台北：大乘文化出版社，1979.

［45］张曼涛．净土典籍研究［M］．台北：大乘文化出版社，1979.

［46］张曼涛．净土宗概论［M］．台北：大乘文化出版社，1979.

［47］张曼涛．净土思想论集（一）［M］．台北：大乘文化出版社，1979.

［48］张曼涛．净土思想论集（二）［M］．台北：大乘文化出版社，1979.

［49］王志远．宋初天台佛学窥豹［M］．高雄：佛光文化，1992.

［50］释星云．从阿弥陀经说到净土思想的建立［M］．高雄：佛光文化，1983.

［51］廖阅鹏．净土三系之研究［M］．高雄：佛光文化，1989.

［52］林其贤．李卓吾的佛学与世学［M］．台北：文津出版社，1992.

［53］廖明活．怀感的净土思想［M］．台北：台湾商务印书馆，2003.

［54］邱敏捷．参禅与念佛——晚明袁宏道的佛教思想［M］．台北：商鼎出版社，1993.

［55］释慧严．从人间性看净土思想［M］．高雄：春晖出版社，2000.

［56］释慧严．慧严佛学论文集［M］．高雄：春晖出版社，1996.

［57］高柏园．禅学与中国佛学［M］．台北：里仁书局，2001.

［58］廖阅鹏．净土文钞［M］．台北：圆神出版社，1992.

［59］麻天祥．晚清佛学与近代社会思潮［M］．台北：文津出版社，1992 年

［60］江灿腾．明清民国佛教思想史论［M］．北京：中国社会科学出版社，1996.

［61］汤用彤．理学·佛学·玄学［M］．台北：淑馨出版社，1992.

［62］劳思光．新编中国哲学史［M］．台北：三民书局，1993.

［63］野村耀昌．中国佛教史概说［M］．圣严法师，译．台北：东初出版社，1971 年。

［64］陈垣．中国佛教史及佛教史籍［M］．台北：鼎文书局，1974.

［65］阿部肇一．中国禅宗史［M］．关世谦，译．台北：东大图书公司，1986.

［66］慈怡．佛教史年表［M］．高雄：佛光出版社，1987.

［67］郭朋．中国佛教史［M］．台北：文津出版社，1993.

［68］任继愈，杜继文．佛教史［M］．台北：晓园出版社，1995.

［69］蓝吉富．弥陀净土法汇［M］．台北：迦陵出版社，1996.

二、期刊论文：

［1］尚永琪．3—6 世纪佛教传播背景下的北方社会群体研究［D］．吉林大学，2006.

［2］杨俊．蕅益儒佛融通思想初探［D］．四川大学，2003.

［3］张瑞佳．明末蕅益大师之生平及其佛学思想研究［D］．华梵大

学，1999.

[4] 龚晓康．蕅益净土思想研究［D］．四川大学，2005.

[5] 周军．印光法师研究［D］．四川大学，2004.

[6] 杜钢．印光教育思想研究［D］．北京师范大学，2005.

[7] 高桥弘次．慧远与善导之念佛［J］．佛学研究，1996（1）.

[8] 释圣严．明末中国的净土教人物及其思想［J］．佛岗佛学学报，1987（8）.

[9] 龚晓康．蕅益"三学一源"论浅析［J］．西南大学学报，2005（12）.

[10] 王仲尧．中国人间佛教思想的先驱［J］．世界宗教研究，2005（1）.

[11] 胡艳杰．彭际清佛学思想探微［J］．苏州大学学报，2006（2）.

[12] 刘兰肖．魏源与佛学［J］．学海，2003（1）.

[13] 刘伟顺．试论魏源入佛的必然性［J］．邵阳学院学报，2003（1）.

[14] 刘伟顺．魏源的佛学成就［J］．邵阳学院学报，2004（1）.

[15] 传印．印光法师悟道年时考［J］．佛学研究，1996（1）.

[16] 肖雨．印光祖师及其思想研究［J］．五台山研究，2003（1）.

[17] 周军．略论印光法师禅净思想［J］．求索，2004（2）.

[18] 黄家章．论印光净土思想所蕴含的终极关怀意识［J］．学术论坛，2006（9）.

[19] 李利安．明末清初中国汉传佛教各宗派的基本特点［J］．西北大学学报，1998（1）.

[20] 华方田．清代佛教的衰落与居士佛教的兴起［J］．佛教文化，

2004（4）.

　　［21］江阳. 清代五台山佛教宗派［J］. 五台山研究，1999（2）.

　　［22］李尚全. 晚清士大夫佛教述要［J］. 甘肃社会科学，2004（2）.

　　［23］宗舜法师. 蕅益大师《灵峰宗论》删改问题初探［J］. 禅学研究，（4）.

　　［24］谢金良. 也谈蕅益《灵峰宗论》删改问题［J］. 宗教学研究，2005（2）.

　　［25］陈兵. 佛学研究方法论［J］. 法音，1999（3）.

　　［26］邱树森. 读陈垣《元西域人华化考》［J］. 回族研究，2000（3）.

　　［27］杨曾文. 中日两国的净土教——从毛丹青翻译《叹异抄》说起［J］. 中国史研究，2005（2）.

　　［28］施光明. 昙鸾净土思想初探［J］. 五台山研究，1986（6）.

　　［29］施光明. 昙鸾与慧远净土思想比较研究［J］. 五台山研究，1990（4）.

　　［30］谢路军. 善导净土思想特点与称名念佛法门的流行［J］. 世界宗教研究，1998（2）.

　　［31］万荣正. 论净土思想［J］. 狮子吼，1982（9）.

　　［32］童丽玲. 善导大师的生平及净土思想［J］. 狮子吼，1983（11）.

　　［33］释会清. 隋唐净土思想之探讨［J］. 狮子吼，1985（8）.

　　［34］袁淑真. 龙树的净土思想［J］. 海潮音，1990（4）.

　　［35］释圣严. 净土思想之考察［J］. 华冈佛学学报，1983（6）.

　　［36］释圣严. 人间佛教的人间净土［J］. 中华佛学研究，1999（3）.

［37］太虚法师．我怎样判摄一切佛法［J］．海潮音，1942，21
（10）．

［38］柴田泰．宋代的净土思想［J］．世界宗教研究，1992（2）．

［39］温金玉．昙鸾—道绰—善导系宗派学意义辨析［J］．中国哲学
史，2006（3）．